兒童圖解
恐龍百科

編寫｜宋明秀

風車圖書
WINDMILL

目次

閱讀指南 9
恐龍是何種動物？ 10
恐龍如何分類？ 12

肉食性恐龍

各式各樣的肉食性恐龍 16
虛形龍 18
恐龍是冷血動物還是溫血動物？ 21
雙冠龍 22
斑龍 24
細顎龍 26
冰冠龍 28
永川龍 30
重爪龍 32
棘龍 34
高棘龍 36
三疊紀 38

與鳥類相近的肉食性恐龍 40
嗜鳥龍 42
恐爪龍 44
棒爪龍 46
猶他盜龍 48
似鵜鶘龍 50
似雞龍 52
奔龍 54
似鴯鶓龍 56
迅猛龍 58
蜥鳥龍 60
亞伯達龍 62
竊蛋龍 64
特暴龍 66
暴龍 68
肉食性恐龍如何狩獵？ 71
傷齒龍 72
侏羅紀 74

草食性恐龍

體型巨大的恐龍 78
祿豐龍 80
里奧哈龍 82
蜀龍 84
叉龍 86
梁龍 88
馬門溪龍 90
腕龍 92
用兩隻腳行動的恐龍與
用四隻腳行動的恐龍 95
地震龍 96

迷惑龍	98
峨嵋龍	100
圓頂龍	102
阿馬加龍	104
白堊紀	106

鴨嘴類恐龍及親戚們 108
異齒龍	110
橡樹龍	112
木他龍	114
禽龍	116
原巴克龍	118
蘭伯龍	120
慈母龍	122
恐龍們怎麼生蛋與照顧？	125
巴克龍	126
龍櫛龍	128
山東龍	130
大鴨龍	132
青島龍	134
盔龍	136
副龍櫛龍	138
帕克氏龍	140
豪勇龍	142
腱龍	144
恐龍們都吃些什麼？	146

擁有骨板的恐龍 148
稜背龍	150
勒蘇維斯龍	152
華陽龍	154
劍龍	156
如何判定恐龍所吃的食物？	159
恐龍為何會絕種？	160

穿著鎧甲的恐龍 162
敏迷龍	164
蜥結龍	166
甲龍	168
草食性恐龍如何保護自己？	171
包頭龍	172
恐龍的化石	174

擁有角的恐龍及親戚們 176
鸚鵡嘴龍	178
纖角龍	180
獨角龍	182
蒙大拿角龍	184
小角龍	186
尖角龍	188
刺盾角龍	190
隙龍	192
牛角龍	194
三角龍	196

厚鼻龍	198
五角龍	200
原角龍	202
劍角龍	204
厚頭龍	206
喜歡群體生活的恐龍們	209
傾頭龍	210
化石的發掘到展示	212

飛翔在天空中的爬蟲類

真雙型齒翼龍	216
雙型齒翼龍	218
喙嘴翼龍	220
飛翔在天空中的爬蟲類——翼龍	223
掘頜龍	224
翼手龍	226
鳥掌翼龍	228
準噶爾翼龍	230
脊頜翼龍	232
翼龍	234
風神翼龍	236
恐龍滅種後，剩下的動物們	238

生活在海裡的爬蟲類

幻龍	242
真鼻龍	244
真蜥鱷	246
魚龍	248
生活在海裡的爬蟲類	251
滑齒龍	252
大眼魚龍	254
短尾龍	256
滄龍	258
薄板龍	260
研究恐龍的歷史	262

恐龍時代中的配角們

肯氏獸	266
陸鱷	268
普蘭諾契蜥	270
長鱗龍	272
小駝獸	274
始祖鳥	276
亞多龍	278
恐龍紀錄排行榜	280

索引	282

閱讀指南

　　本書依照恐龍的種類作分類,並在「目次」裡排列出書中所有恐龍的名字,查詢方便;此外,書本最後也依照注音符號整理出「索引」,讓小朋友們能快速找到想看的恐龍。書中有各種恐龍的小檔案,記錄了恐龍的生存時代、名字的意義、飲食類型、體型大小等,基本資料一目了然。另外,恐龍生存時代的生態環境及相關化石等,也都有詳細的介紹。

標示恐龍的名稱,附有英文學名

說明恐龍的主要特徵

標示恐龍出現的時期,讓小朋友能快速查看

以實際人類的大小(175cm)與恐龍做比較,列出恐龍的體重、身長;在天空飛行的爬蟲類則以翅膀張開後的幅度來計算。

體重(公斤/噸)
身長(公分/公尺)

恐龍是何種動物？

屬於爬蟲類的恐龍，在中生代時期支配著地球陸地，到現在為止總共發現超過六百多種外觀、大小都不相同的恐龍遺跡。恐龍的英文為「Dinosaur」，由「deinos：恐怖的」和「sauros：蜥蜴」這兩個字所組成，意即「恐怖的蜥蜴」，也就是我們現在所說的「恐龍」。

1 生存於中生代

恐龍生活在距今2億4千5百萬年前，一直到6千5百萬年前才消失，總共在地球上生活了約1億8千萬年之久。恐龍的外觀相差懸殊，有房子般巨大的草食性恐龍，也有體型嬌小如雞的肉食性恐龍。那時生態界中的哺乳類動物的數量和恐龍比起來只占少數，與現在大不相同。

2 爬蟲類的成員之一

恐龍和鱷魚、蜥蜴這些爬蟲類一樣，皮膚外表覆蓋著一層厚厚的鱗片，也會產卵，所以恐龍可說是爬蟲類的一員。

3 生活在陸地

說到恐龍，很多人都會想到天空中遨翔的翼龍、海中優游的魚龍及蛇頸龍等，但這些並不是恐龍，生活在陸地上的才是真正的恐龍。

4 頭骨上多兩對洞孔

恐龍與其他爬蟲類不同，頭骨上除了原有的一對眼睛孔之外，後方還有多出兩對洞孔，這樣奇特的頭骨構造，只有鱷魚、恐龍、翼龍擁有。

5 直挺地站立行走

恐龍雖屬於爬蟲類的一種，但有一點和爬蟲類不同，那就是恐龍可以像人一般往前行走。爬蟲類如鱷魚的四肢在身體兩側，需靠左右擺動才能前進；恐龍的後足則是和人類一樣在身體下方，故能直立行走。恐龍也比其他爬蟲類行動的步伐更大、更快速，才能支撐上身的巨大重量。

鱷魚的四肢位於身體兩側

後足十分有力的重爪龍

恐龍如何分類？

恐龍經過長時間的種類演變，不論是外表或大小都出現許多改變，但主要可分成兩大種類：一種是骨盤與蜥蜴類似的「龍盤目」，另一種是與鳥相似的「鳥盤目」。

1 龍盤目恐龍

龍盤目恐龍的骨盤結構與蜥蜴相似，往後方突出的坐骨與往前的恥骨有著固定的角度。龍盤目恐龍又可分為與鳥相近、肉食兇狠型恐龍的「獸腳類」；和有長脖子、長尾巴、體積龐大的草食性恐龍的「龍腳類」。獸腳類以後足行走；龍腳類則以四肢行走。

龍盤目恐龍的骨盤

龍盤目中獸腳類型的代表性恐龍，就是巨大的肉食性暴龍與行動敏捷的迅猛龍；龍腳類則有巨大的草食性恐龍腕龍等其他恐龍。

2 鳥盤目恐龍

骨盤和鳥頗相似的鳥盤目恐龍，恥骨和坐骨整齊的成一線。鳥盤目恐龍又細分出和鳥一樣有著長腿的「鳥腳類」、背上有骨盤或突起物的「劍龍類」、皮膚外表有堅硬骨頭如鎧甲的「甲龍類」、以及頭上有著堅硬頭冠（頭頂上特有的堅硬骨頭）的「角龍類」，而所有的鳥盤目恐龍皆為草食性恐龍。

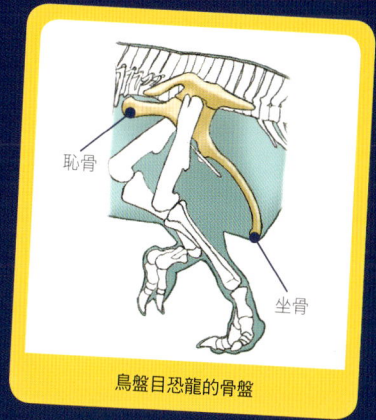

鳥盤目恐龍的骨盤

鳥盤目的代表性恐龍為鳥腳類的禽龍、劍龍類的劍龍、甲龍類的甲龍、角龍類的三角龍等。

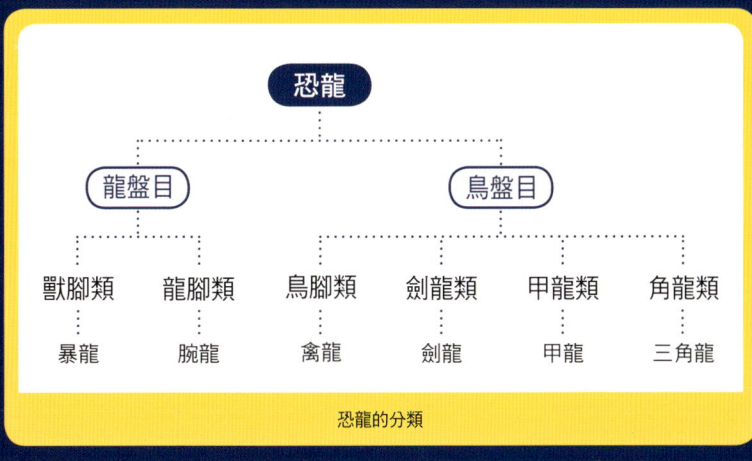

恐龍的分類

肉食性恐龍

獵食其他恐龍、昆蟲、蜥蜴、哺乳類動物的恐龍

各式各樣的肉食性恐龍

　　有著強而有力的下巴及銳利牙齒的肉食性恐龍，前肢都較短小，靠後足站立、行走。體型較小的肉食性恐龍們會成群結隊的活動，一起狩獵比自己體型大的恐龍或是昆蟲、蜥蜴及其他哺乳類動物等；體型較大的肉食性恐龍則會獨自獵食草食性恐龍。

Coelophysis
虛形龍

　　虛形龍的身體、後足、尾巴相當細長，動作十分靈巧，主要以蜥蜴、哺乳類、極小的草食性恐龍為主食。前肢較短，主要以後足行走，為成群結隊共同行動的恐龍。

長長的尾巴可以調整身體重心。

身體輕巧、細長。

腹中發現的幼龍骨頭

　　發現虛形龍的化石時，發現其中有化石的腹中有幼龍骨頭，許多學者對此抱持不同看法，這部分將在後面進行解說。

後足長而有力，可快速地奔跑。

中空的骨頭構造

虛形龍的骨頭和鳥一樣為中空構造，因此身體輕巧、速度快。

個性相當兇暴、殘忍。

下顎窄小、細長。

滿口鋸齒狀的鋒利牙齒。

前肢短小、銳利的指甲可輕而易舉的把食物撕碎。

姓名	虛形龍
學名原意	骨頭中空 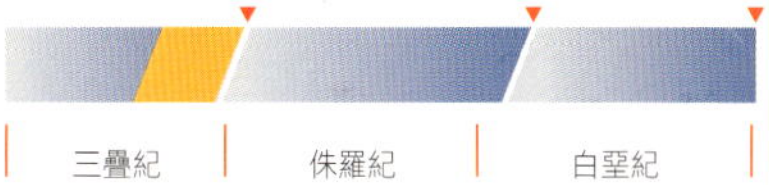
體型	45~60kg　2~3m

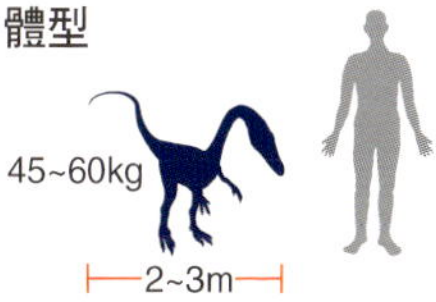

生存年代　三疊紀後期

三疊紀　侏羅紀　白堊紀

食性

肉食性

肉食性恐龍　19

恐·龍·放·大·鏡

虛形龍

1 腹中發現的幼龍骨頭

在美國新墨西哥州附近發現許多虛形龍的化石,其中有些化石具特殊的現象,即在其腹中發現幼小恐龍的骨頭,有人認為是虛形龍剛好受孕、或是虛形龍所獵食的同種類的恐龍。但是屬於爬蟲類的恐龍必須透過生蛋來繁衍下一代,在還沒有孵化出來的狀態下,就認為是蛋裡幼龍的骨頭,不免有些強詞奪理,因此推論腹中為捕來的同種類恐龍的可能性比較大,說不定是抓自己的幼龍來吃。

2 中空的骨頭

虛形龍的骨頭構造和現代的鳥類一樣,為中空的骨頭,頭骨也有多處的空孔,身體相當輕巧,因此可以快速的移動自如,這樣的身體構造和溫血動物有許多相似之處,也有人認為虛形龍是溫血動物而不是冷血動物。

3 成群結隊的生活

曾經發現超過一千個以上的虛形龍化石,可推斷出虛形龍為群體生活的恐龍,狩獵時也是一起行動。

恐龍是冷血動物還是溫血動物？

　　屬於爬蟲類的恐龍和現代的蛇或蜥蜴一樣，都是冷血動物嗎？其實恐龍擁有著溫血動物哺乳類及冷血動物爬蟲類的特性，所以恐龍們會在不同的生存環境下調適出符合該環境的身體條件。

冷血動物

　　冷血動物會依周圍環境來調節體溫，即利用有太陽的地方和陰暗的地方來改變體溫，最具代表性的冷血動物就是蜥蜴和蛇等爬蟲類，蜥蜴在白天時必須在太陽底下長時間曝曬，這樣在晚上溫度降低時才能靈活的行動。

溫血動物

　　溫血動物是透過進食來產生熱量，鳥類、哺乳類是溫血動物的代表，會透過流汗或喝水來調節體溫，大象利用耳朵搧風的動作也助於降低體溫。

行動緩慢的恐龍

　　像梁龍這種行動緩慢、身軀又龐大的恐龍幾乎都為冷血動物，如果牠是溫血動物的話，就必須吃掉非常多的食物，才能維持體溫。

行動快速的恐龍

　　和恐爪龍一樣喜歡群體狩獵、頭腦又好、動作又快的恐龍，與現今的鳥類和哺乳類很相似，因此這類的恐龍有可能是溫血動物。

行動緩慢、體型龐大的梁龍

肉食性恐龍

Dilophosaurus
雙ㄕㄨㄤ 冠ㄍㄨㄢ 龍ㄌㄨㄥˊ

　　雙冠龍為初期的肉食性恐龍，牠的下顎比後期出現的恐龍的咬合力還弱，因此不太容易直接狩獵大體型的恐龍，反而得利用前肢的尖銳利爪，來捕捉較小的草食性恐龍或吃死掉動物的肉屑。

尾巴能平衡身體重心。

咬合力弱的下顎及利齒
　　牙齒雖然銳利，但是下顎過於無力與細長，對狩獵時的幫助不大。

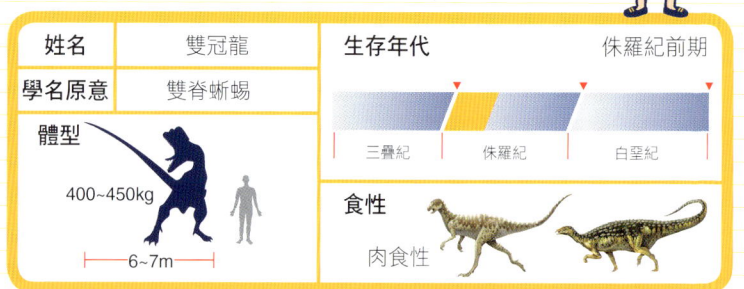

姓名	雙冠龍
學名原意	雙脊蜥蜴
體型	400~450kg　6~7m

生存年代：侏羅紀前期
三疊紀　侏羅紀　白堊紀

食性：肉食性

22

頭頂上的雙冠造型

只有公恐龍的頭頂才有雙冠，這特殊頭冠似乎是吸引母恐龍的裝飾品，有些學者認為頭冠有著威脅敵人的功用。

身體靈敏、可快速行動。

有力的後足占了多數重量。

鋒利的爪子有利於撕碎肉塊。

肉食性恐龍　23

Megalosaurus
斑龍 ㄅㄢ ㄌㄨㄥˊ

斑龍是一種體型很龐大、利用後足行動的肉食性恐龍，牠是最早被命名的恐龍種類。

視力清晰。

味覺靈敏。

頭骨裡有空隙，因此頭部占的重量較少。

前肢短小。

前肢有三隻指頭，爪子皆如鉤子般銳利。

強而有力的下顎及利齒

斑龍的下顎力氣極大、滿口鋸齒狀的銳利牙齒，咬合力強大，咬到獵物後會猛烈的甩動，直到獵物斷氣死亡。

堅硬又厚實的尾巴

斑龍有力的尾巴可平衡身體重心，狩獵時也會利用尾巴來擊打、攻擊獵物。

有著粗硬、結實的後足，但不善於快速奔跑。

姓名	斑龍
學名原意	巨型蜥蜴

體型：1~1.5t　7~10m

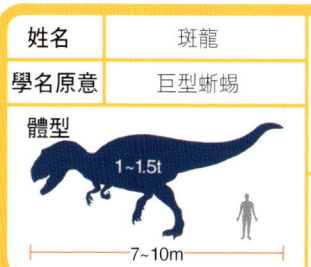

生存年代　侏羅紀中期

三疊紀　侏羅紀　白堊紀

食性
肉食性

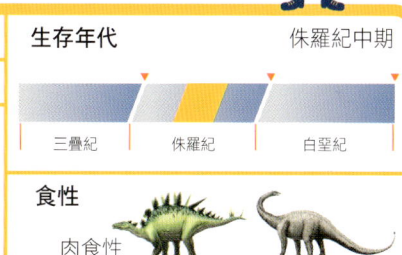

肉食性恐龍　25

Compsognathus
細顎龍

細顎龍為體型極小的恐龍,個性殘暴、頭腦也相當好,為肉食性恐龍,主要的食物是生活在水邊或池沼的蜥蜴、小型哺乳類、青蛙、蛤蠣等。

有如纖細鳥類般的恐龍
細顎龍從頭到尾都相當纖細,外觀像是隻瘦小的鳥類,體型大小與雞相同。

前肢十分短小。

前肢有兩個像鉤子般的爪子,吃東西時可牢牢抓住獵物。

長尾巴用來平衡。

敏捷的行動

細薄的骨架、纖瘦的體型，流線型的外觀使牠行動敏捷。

後足有四個爪子。

姓名	細頸龍	生存年代			侏羅紀後期
學名原意	優美的顎、小型的顎		三疊紀	侏羅紀	白堊紀
體型	3.5kg　0.3~1m	食性  肉食性			

肉食性恐龍　27

Cryolophosaurus
冰冠龍

冰冠龍屬於巨型的肉食性動物，以小型的草食性恐龍為主食。1994年在南極大陸發現牠的化石。侏羅紀時代的南極大陸比現在還要溫暖許多，初期很多恐龍都在那裡生活。

滿嘴的鋒利牙齒。

前肢有三個爪子。

在獵取食物時，有力的後腿幫助很大。

外觀特殊的頭冠

冰冠龍的頭上有個外觀奇特的頭冠,頭冠兩側各有著小角,不過由於頭冠又薄又脆弱,無法當成攻擊敵人的武器,唯一的功用是作為吸引母恐龍的裝飾品。

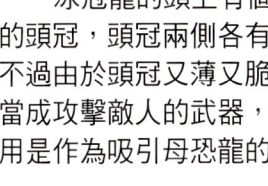

體型雖大,但體力十足、動作敏捷。

尾巴可用來控制身體平衡。

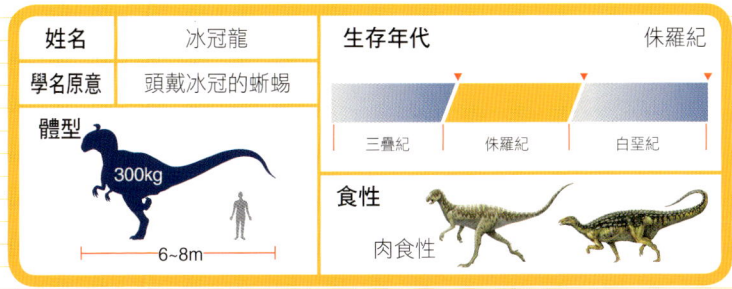

姓名	冰冠龍
學名原意	頭戴冰冠的蜥蜴
體型	300kg　6~8m

生存年代:侏羅紀(三疊紀 / 侏羅紀 / 白堊紀)

食性:肉食性

肉食性恐龍　29

Yangchuanosaurus
永川龍

1978 年發現了永川龍的化石，可說是中國代表的肉食性恐龍，牠長得與異特龍十分相似，但牙齒數量比異特龍多，頭部和尾巴的關節很靈活、身體靈巧。

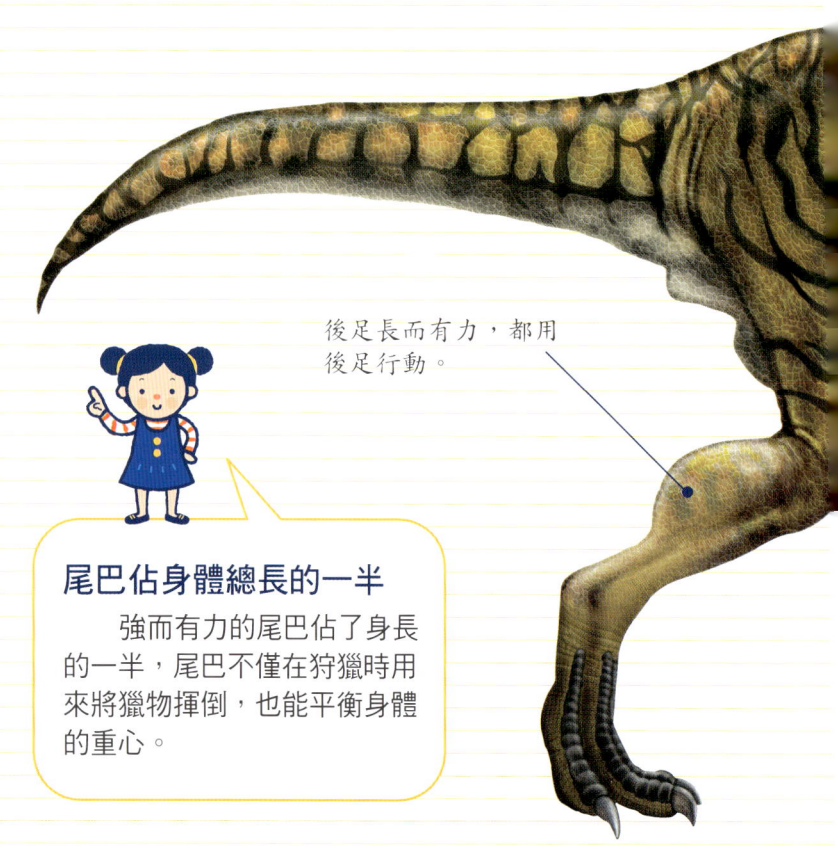

後足長而有力，都用後足行動。

尾巴佔身體總長的一半
強而有力的尾巴佔了身長的一半，尾巴不僅在狩獵時用來將獵物揮倒，也能平衡身體的重心。

巨大的頭上有小突起物

永川龍的頭骨長度約為一公尺，眼睛到鼻子之間有著小型突起物。

個性勇猛、兇殘。

頸部柔軟。

足以咬斷骨頭的強力下顎、鋸齒般的利齒是主要武器。

前肢有著三個大而銳利的爪子。

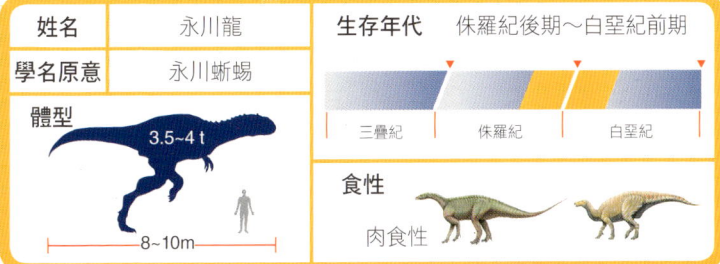

姓名	永川龍
學名原意	永川蜥蜴

體型　3.5~4 t　8~10m

生存年代　侏羅紀後期～白堊紀前期

三疊紀　侏羅紀　白堊紀

食性　肉食性

肉食性恐龍

Baryonyx
重(ㄓㄨㄥˋ)爪(ㄓㄨㄚˇ)龍(ㄌㄨㄥˊ)

　　在英國發現的重爪龍化石，被發現其胃裡有著魚類的鱗片及牙齒，因此推斷重爪龍生活在河邊，以魚類為食。體型也相當適合捕捉魚類。

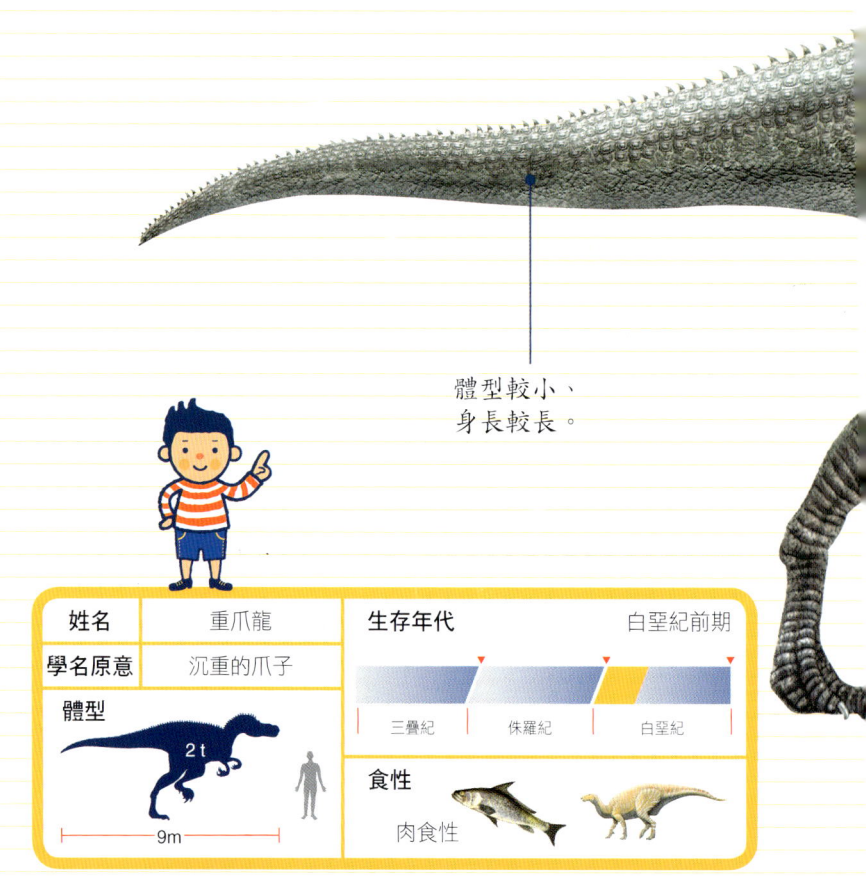

體型較小、
身長較長。

姓名	重爪龍
學名原意	沉重的爪子
體型	2 t　9m

生存年代：白堊紀前期
三疊紀　侏羅紀　白堊紀

食性：肉食性

鱷魚一般的頭型

重爪龍的頭部細長,下顎的形狀和鱷魚相當相似。

頸部柔軟、細長。

尖銳的牙齒緊密排列。

腳爪力量龐大。

巨大又鋒利的指甲

30公分長的指甲如鉤子般,可在水中優游,利用前肢來捕捉魚類。

肉食性恐龍　33

Spinosaurus
棘ㄐㄧˊ龍ㄌㄨㄥˊ

　　背上有著特殊帆狀皮膚膜的棘龍，以水中、池沼的魚類為食。化石在北非被人發現。

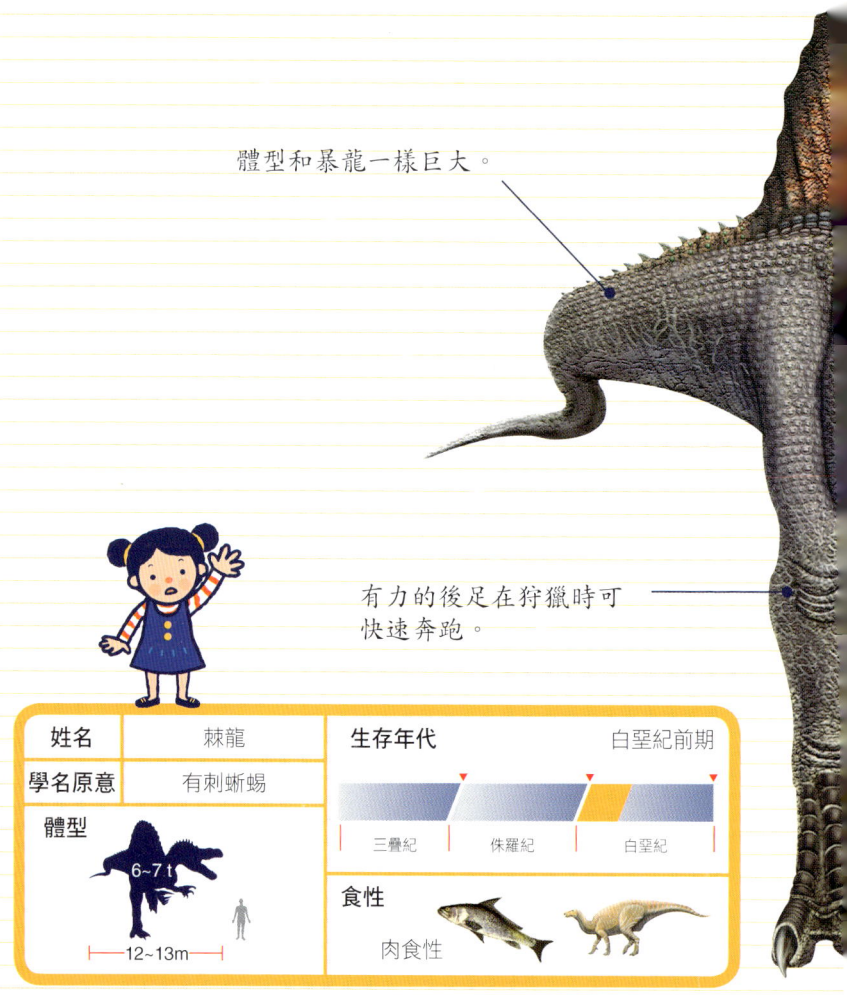

體型和暴龍一樣巨大。

有力的後足在狩獵時可快速奔跑。

姓名	棘龍
學名原意	有刺蜥蜴
體型	6~7 t　12~13m

生存年代	白堊紀前期
	三疊紀　侏羅紀　白堊紀
食性	肉食性

如扇子般的帆狀皮膚膜

棘龍的背上有著兩公尺高的扇狀皮膚膜，這層皮膚膜由背上突起的脊椎所支撐，它佈滿了許多細小的血管，能調節體溫。

頭部像鱷魚。

錐子般尖銳的利牙

錐子般的尖牙，方便棘龍捕捉魚類。

前肢有四個爪子。

Acrocanthosaurus
高棘龍

頭部比例較大的高棘龍，從頭到尾，體背上都長著鋸齒狀的突起物，個性兇殘的牠，連巨大的龍腳類恐龍都能加以打敗，也吃腐敗的食物。

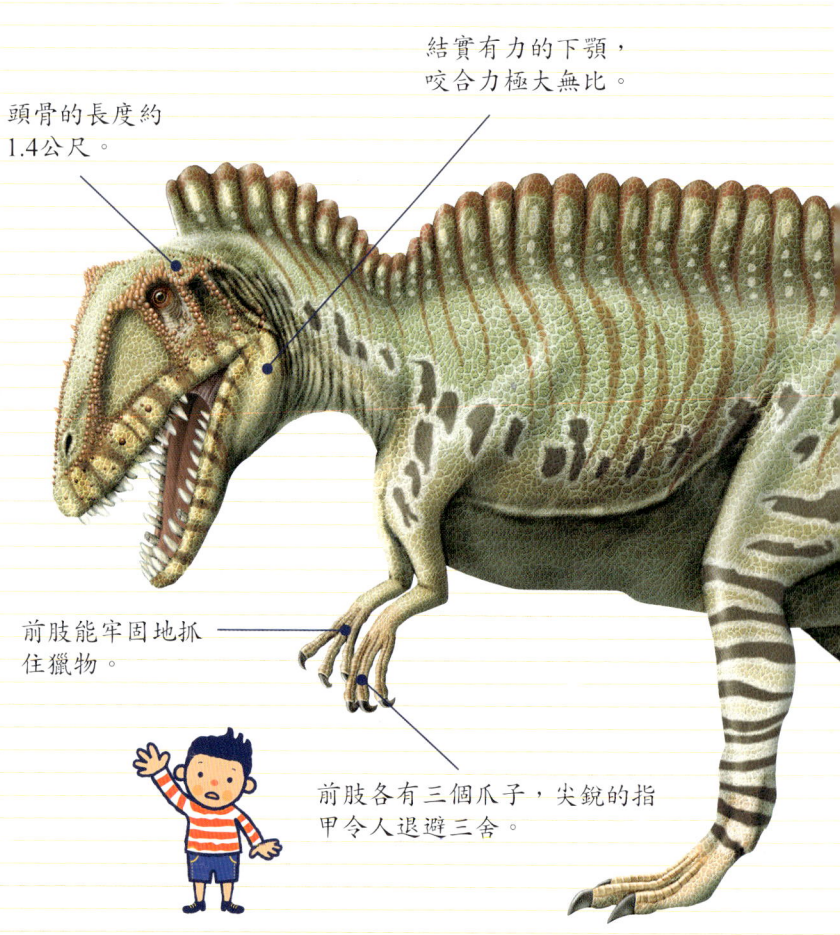

結實有力的下顎，咬合力極大無比。

頭骨的長度約1.4公尺。

前肢能牢固地抓住獵物。

前肢各有三個爪子，尖銳的指甲令人退避三舍。

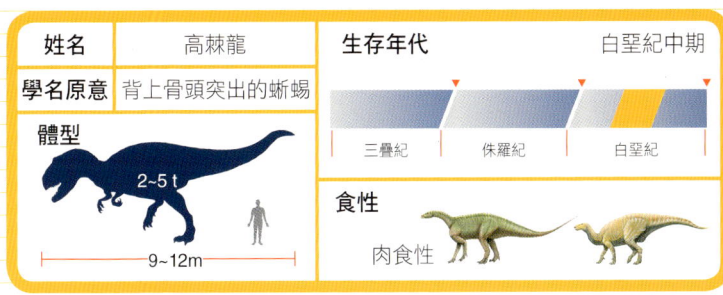

姓名	高棘龍
學名原意	背上骨頭突出的蜥蜴

體型 2~5 t 9~12m

生存年代　白堊紀中期
三疊紀　侏羅紀　白堊紀

食性　肉食性

背部脊椎上的突起物

高棘龍從頭到尾的體背上均長著突起物，有支撐頸部及尾巴肌肉的功用。

結實有力的尾巴能自由活動，也是主要的強力武器。

後足較長，但肌肉並不結實，因此跑步速度不快。

肉食性恐龍　37

三(ㄙㄢ)疊(ㄉㄧㄝˊ)紀(ㄐㄧˋ)

三疊紀是指中生代開始的時期，約為 2 億 4 千 5 百萬年前至 2 億 8 百萬年前。

1 首次出現恐龍

這時陸地上出現原始爬蟲類、天空中遨翔著初期的翼龍、海裡有魚龍及蛇頸龍優游其中。三疊紀後期恐龍種類慢慢增多，哺乳類動物漸漸減少，展開了恐龍的全盛時期，肉食性的虛形龍及草食性的板龍就是生存在這時期的恐龍。

蓓天翼龍

肯氏獸

犬頜獸

幻龍

38

2 盤古大陸尚未分離

三疊紀時所有的陸地都連在一起，因此生活在陸地上的恐龍們能隨意移動到各個地區。

三疊紀時的盤古大陸

3 溫暖、乾燥的氣候

三疊紀時的氣候比現在溫暖，南、北極也沒有冰河的存在，三疊紀後期氣候逐漸乾燥、變熱並產生沙漠，這樣的氣候環境對恐龍來說相當合適，沒有多餘的開花植物，取而代之的是羊齒植物、銀杏樹及鐵樹。

祿豐龍

杉龍

陸鱷

與鳥類相似的肉食性恐龍

和鳥類相似的肉食性恐龍往往前肢較發達，可利用前肢來抓取食物，用後足快速跳躍。像白堊紀末期出現體型巨大的暴龍類恐龍，是從古到今生活在陸地上體型最大的肉食性恐龍，牠的前肢就是漸漸進化後變短的最佳寫照。

Ornitholestes
嗜ㄕˋ鳥ㄋㄧㄠˇ龍ㄌㄨㄥˊ

體格像鳥類的嗜鳥龍擅長狩獵，一旦咬住獵物就絕對不會鬆口。專門捕捉蜥蜴、昆蟲、小型恐龍，也會吃腐敗的肉。

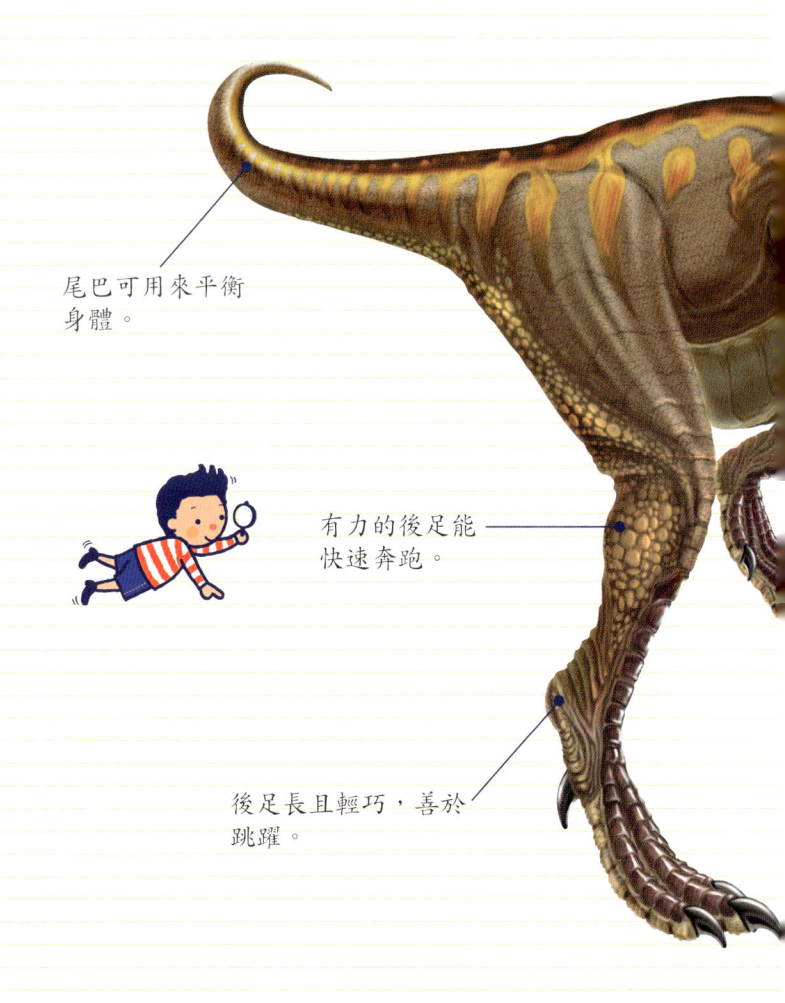

尾巴可用來平衡身體。

有力的後足能快速奔跑。

後足長且輕巧，善於跳躍。

鼻子上突出的冠

於頭部的鼻子上方，長著角型突出的冠。

臉部小巧，但是表情卻兇狠。

牙齒相當鋒利。

短小的前肢

短小的前肢各有三個長的指甲，第四個指甲只有不明顯的指甲痕跡。堅硬的指甲可用來牢固的抓住食物。

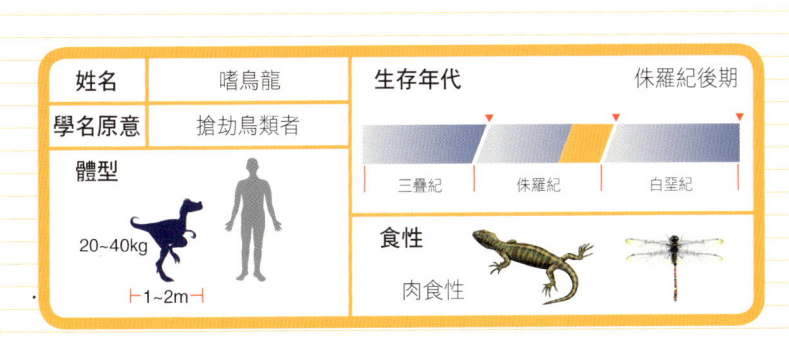

姓名	嗜鳥龍	生存年代	侏羅紀後期
學名原意	搶劫鳥類者		三疊紀　侏羅紀　白堊紀
體型	20~40kg　1~2m	食性	肉食性

肉食性恐龍　43

Deinonychus
恐爪龍

有著「白堊紀狩獵軍團」稱號的恐爪龍，會成群結隊的攻擊比自己體型大上好幾倍的草食性恐龍。牠們體型雖不大，但有力的後足及銳利的指甲令人不敢領教。

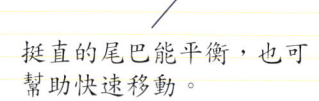

挺直的尾巴能平衡，也可幫助快速移動。

鉤子般的後腳指

一共有四個腳指，其中第二個腳指有著長度13公分如鉤子般的指甲，這個腳指可以上下自由的活動，在林間或是地上行走時，會將腳指抬起以免傷害到指甲，這腳指也可以轉動90度以上。

強壯的後足能奔跑至時速40公里，跳躍也難不倒牠。

佔全身比例較大的頭部

以全身比例來看，頭部所佔的比例較大，但由於體重輕，跳躍、奔跑都沒有太大的阻礙。頭部大，相對的腦容量也多，比較機靈，個性兇殘。

嗅覺靈敏。

身手敏捷。

銳利的牙齒咬進獵物頸部後會左右晃動，獵物難以逃出。

姓名	恐爪龍
學名原意	恐怖的爪子
體型	25~90kg　2.5~3m

生存年代：白堊紀前期

三疊紀　侏羅紀　白堊紀

食性：肉食性

肉食性恐龍　45

Scipionyx
棒爪龍

棒爪龍的化石於 1981 年在義大利被發現，一直到 1998 年才被人命名為恐龍種類之一，以蜥蜴及昆蟲為主食。

前爪如鉤子般，能牢牢抓緊食物。

腳的行動快速。

尾巴能調節身體重心。

留有體內器官的化石

一般化石都只留有骨頭殘骸，但棒爪龍是第一個在化石中還發現留有部分腸子的恐龍。

身體直挺，利用兩隻後足往前跳躍移動。

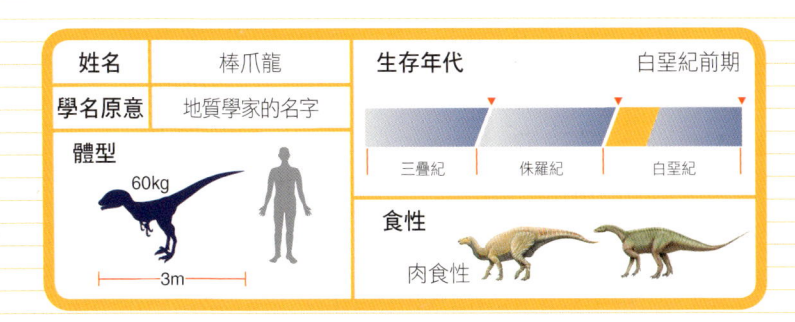

姓名	棒爪龍
學名原意	地質學家的名字

體型 60kg ─3m─

生存年代 白堊紀前期

三疊紀　侏羅紀　白堊紀

食性 肉食性

肉食性恐龍　47

Utahraptor
猶他盜龍

發現於美國猶他州的猶他盜龍，塊頭雖大但動作敏捷，會群體共同攻擊體型較大的草食性恐龍。除了體型大小不同以外，外觀及習性與迅猛龍、恐爪龍相似。

長相與恐爪龍相似，但體型為恐爪龍的兩倍。

腿部行動敏捷，會以跳躍的方式攻擊獵物。

後足有鉤子狀的指甲

後足第二根腳指甲的形狀如鉤子般，長度約 30～35 公分，為獵食的武器，與同伴們共同狩獵，團結力量大，比自己大的對手也能輕易擊垮。

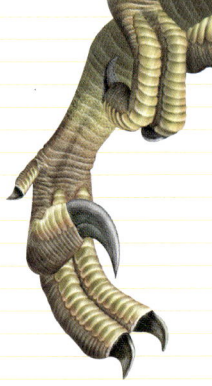

性格兇殘，腦容量較大，比其他恐龍機靈。

眼睛大而明亮，即使在黃昏也能進行狩獵。

滿口銳利的牙齒。

利用前肢來固定食物。

姓名	猶他盜龍
學名原意	猶他的盜賊
體型	0.8~1 t　5~7m

生存年代：白堊紀前期

三疊紀　侏羅紀　白堊紀

食性：肉食性

肉食性恐龍　49

Pelecanimimus
似鵜鶘龍

　　似鵜鶘龍於 1994 年在西班牙被發現，是最早與鴕鳥相似的恐龍之一，牠最奇特的地方在於擁有約 220 顆牙齒，頭部細長，由化石得知牠像鵜鶘般在下顎處有著囊袋。

粗硬的尾巴能平衡重心。

細長的後足
　　似鵜鶘龍擁有細長的後足，讓牠能快速地奔跑。

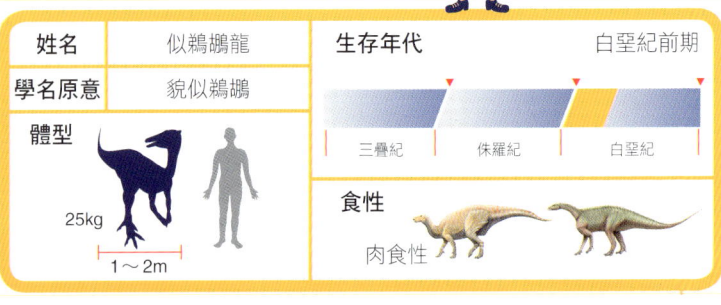

姓名	似鵜鶘龍
學名原意	貌似鵜鶘
體型	25kg　1～2m

生存年代 白堊紀前期

三疊紀　侏羅紀　白堊紀

食性 肉食性

擁有約 220 顆的牙齒

和其他沒有牙齒的鴕鳥類恐龍不同,似鵜鶘龍嘴巴裡有 220 顆左右的尖銳牙齒,可利用來吃蛋、昆蟲、水果、魚類等。

細長的頭部後方有個小型突起物。

和鵜鶘一樣下顎有著小囊袋,會把魚類放在囊中,帶回去給幼龍吃。

頸部細長。

前肢的腳指細長,可抓取食物。

肉食性恐龍

Gallimimus
似ㄙ雞ㄐㄧ龍ㄌㄨㄥˊ

　　似雞龍的外表像沒有羽毛的鴕鳥，是鴕鳥類恐龍中體型最大的，雖然沒有利牙和尖銳的指甲可對付敵人，但牠卻可以快速的逃離危險。

奔跑時利用尾巴來平衡。

脫逃高手
　　沒有可以攻擊人的牙齒、指甲，但身體輕巧，細長的腿部奔跑時可達時速50～100公里，遇到危險時可快速脫離險境。

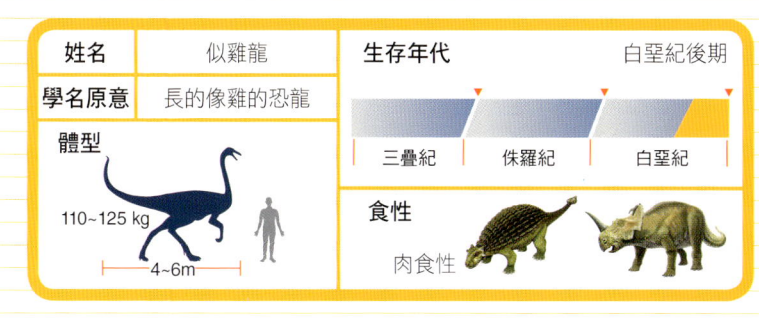

姓名	似雞龍	生存年代			白堊紀後期
學名原意	長的像雞的恐龍				
體型 110~125 kg 4~6m		三疊紀	侏羅紀	白堊紀	
		食性 肉食性			

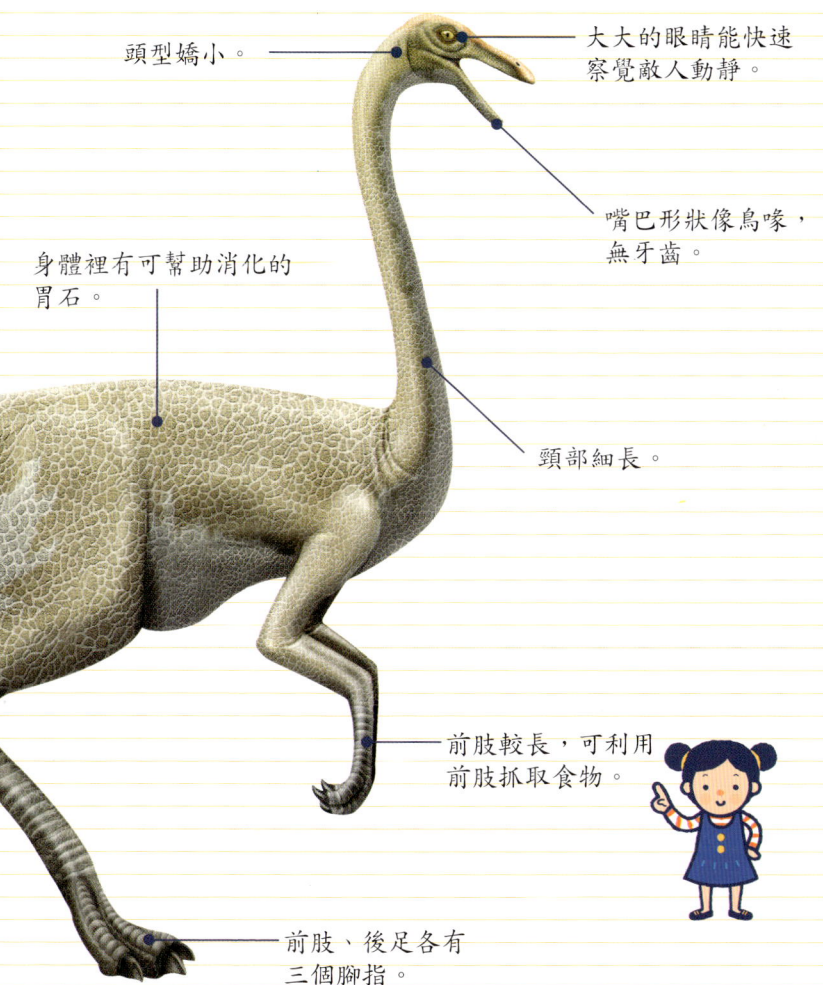

頭型嬌小。

大大的眼睛能快速察覺敵人動靜。

嘴巴形狀像鳥喙，無牙齒。

身體裡有可幫助消化的胃石。

頸部細長。

前肢較長，可利用前肢抓取食物。

前肢、後足各有三個腳指。

肉食性恐龍　53

Dromaeosaurus
奔ㄅㄣ龍ㄌㄨㄥˊ

與恐爪龍為親戚的奔龍，體型比恐爪龍還小，行動敏捷的奔龍和恐爪龍一樣，會群體行動狩獵。

頭骨構造大、腦容量也大，因此頭腦機靈。

身體纖細、瘦長。

牙齒大且鋒利。

速度快，跳躍也難不倒牠。

挺直的長尾巴能調節重心。

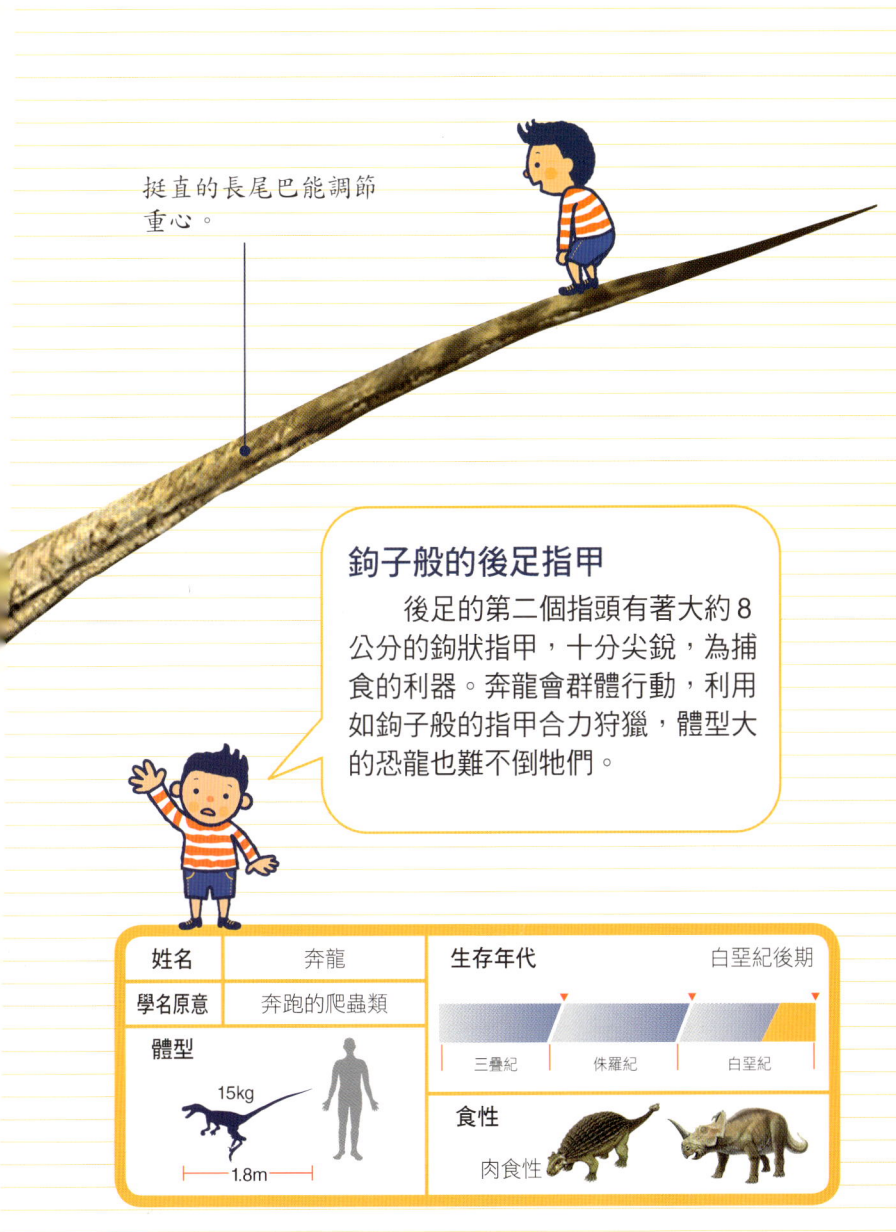

鉤子般的後足指甲

後足的第二個指頭有著大約 8 公分的鉤狀指甲，十分尖銳，為捕食的利器。奔龍會群體行動，利用如鉤子般的指甲合力狩獵，體型大的恐龍也難不倒牠們。

姓名	奔龍
學名原意	奔跑的爬蟲類
體型	15kg　1.8m

生存年代：白堊紀後期
三疊紀　侏羅紀　白堊紀

食性：肉食性

肉食性恐龍　55

Dromiceiomimus
似ㄙˋ鴯ㄦˊ鶓ㄇㄧㄠˊ龍ㄌㄨㄥˊ

　　似鴯鶓龍的意思為，「仿似鴯鶓（類似鴕鳥的鳥類）」，牠腳程快速，可奔跑至時速 60 公里以上，是一種近似鳥類的恐龍。牠的外表特徵在於眼睛很大，比目前所有陸地動物的眼睛還大。

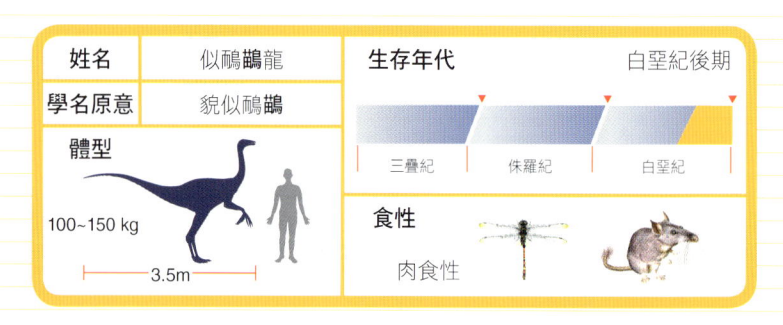

尾巴是平衡的好幫手。

姓名	似鴯鶓龍
學名原意	貌似鴯鶓
體型	100~150 kg　3.5m

生存年代	白堊紀後期
	三疊紀　侏羅紀　白堊紀
食性	肉食性

超級大眼睛

　　似鴯鶓龍擁有一雙大眼睛，能靠它在黑暗中獵取食物。主要在晚上出沒，以蜥蜴或小型哺乳類動物為食。

腦容量大。

嘴巴為鳥喙形狀，無牙齒。

下顎較薄弱。

頸部細長。

後足纖長，可跑至時速60公里以上。

肉食性恐龍

Velociraptor
迅猛龍

迅猛龍是會群體狩獵的恐龍，1971 年在蒙古發現了迅猛龍及原角龍的化石，似乎是在打鬥中死亡。

頭部細長，
個性殘暴，
頭腦靈敏。

略扁的嘴巴中有
許多尖銳的牙齒。

前肢用來
抓取食物。

後足有力、結實，
也能跳躍。

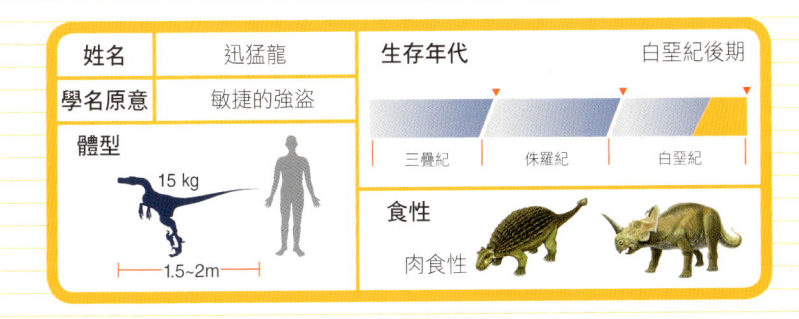

姓名	迅猛龍	生存年代			白堊紀後期
學名原意	敏捷的強盜	三疊紀	侏羅紀	白堊紀	
體型	15 kg　1.5~2m	食性　肉食性			

動作敏捷，會跳到獵物上攻擊。

尾巴平衡身體重心。

後足的銳利指甲

迅猛龍的後足有著銳利的鉤狀指甲，會群體行動，利用這武器來狩獵。

肉食性恐龍　59

Saurornithoides
蜥鳥龍

蜥鳥龍可利用細長的後足快速行走，與一般恐龍比起來，腦容量較大，因此相當聰明。

頭型細長，腦容量大，知覺反應也快速。

頸部較長。

前肢用來抓住食物。

前肢腳指細長。

後足的第二個腳指有著鉤子狀的指甲。

視力極佳於夜間活動

蜥鳥龍視力相當好，在夜間活動也不成問題，主要以蜥蜴、小型哺乳類、昆蟲為主食。

尾巴是平衡身體重心的好幫手。

後足細長，可快速奔跑。

姓名	蜥鳥龍
學名原意	長的像鳥類的蜥蜴
體型	60 kg　2~3.5m

生存年代　白堊紀後期

三疊紀　侏羅紀　白堊紀

食性　肉食性

肉食性恐龍　61

Albertosaurus
亞伯達龍

出土於加拿大亞伯達省的亞伯達龍與暴龍是親戚，但體型比暴龍還瘦小，嘴部咬合的力道相當強勁，將獵物緊緊咬住後，會用力甩動直到獵物死亡。

頭部大而細長。

嗅覺十分靈敏。

鋸齒狀的銳利牙齒

被如此恐怖的銳利牙齒咬到，不可能脫逃，是種相當恐怖的恐龍。主要以攻擊小型恐龍為主，有時也會以死掉的動物屍體為食。

前肢只有兩個腳指。

後足細長，和暴龍的腿部外觀完全不同。

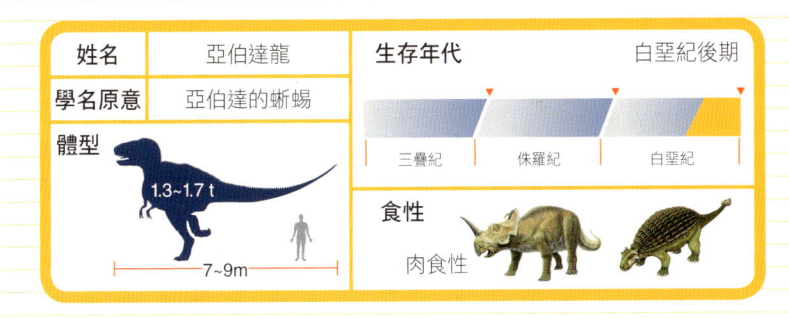

姓名	亞伯達龍	生存年代	白堊紀後期
學名原意	亞伯達的蜥蜴		
體型	1.3~1.7 t　7~9m	食性	肉食性

結實的尾巴可用來揮擊獵物。

後足也會用來攻擊獵物。

多出一根肋骨

亞伯達龍比其他恐龍多出一根肋骨，這根肋骨的作用在於：當亞伯達龍躺臥時，保護腹內的腸子不被身體的重量壓壞。

肉食性恐龍　63

Oviraptor
竊(ㄑㄧㄝˋ)蛋(ㄉㄢˋ)龍(ㄌㄨㄥˊ)

　　發現竊蛋龍的化石時，旁邊還有一窩恐龍蛋，一開始推斷是竊蛋龍入侵其他恐龍的巢穴，但後來發現牠是為了保護自己的恐龍蛋，而像鳥類一樣把蛋放在懷裡保護，這才澄清了「偷蛋」的冤枉罪名。

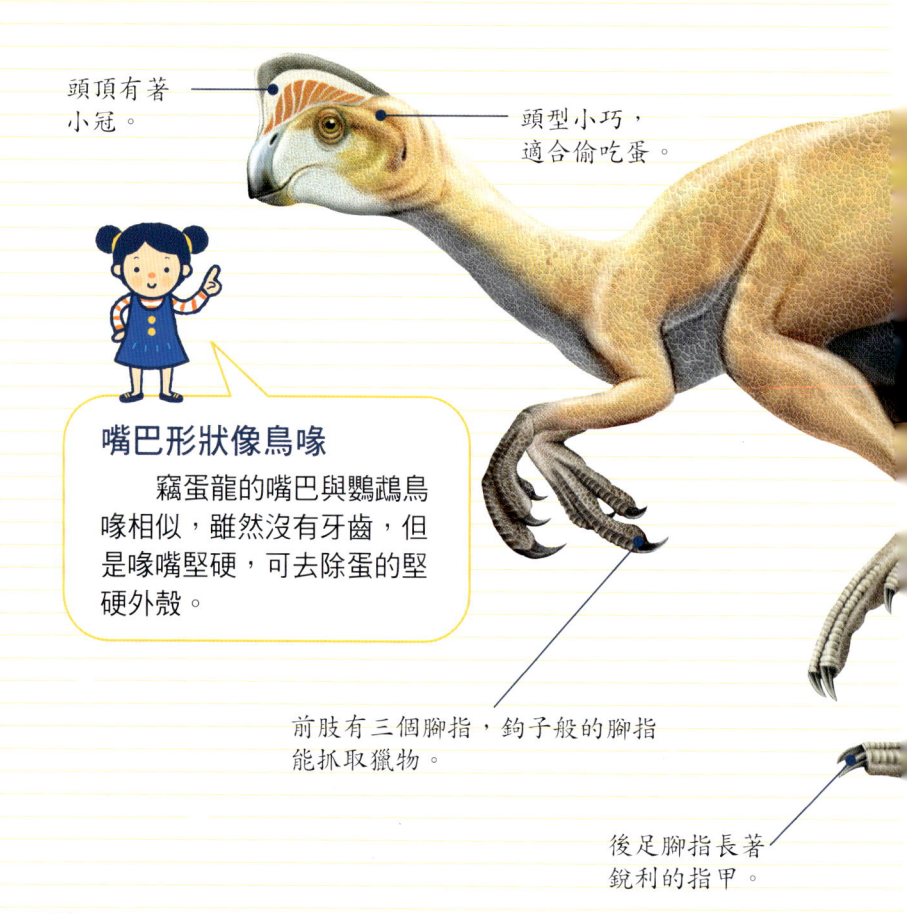

頭頂有著小冠。

頭型小巧，適合偷吃蛋。

嘴巴形狀像鳥喙

　　竊蛋龍的嘴巴與鸚鵡鳥喙相似，雖然沒有牙齒，但是喙嘴堅硬，可去除蛋的堅硬外殼。

前肢有三個腳指，鉤子般的腳指能抓取獵物。

後足腳指長著銳利的指甲。

體型瘦長、均衡。

肉食、草食通吃的恐龍

竊蛋龍不僅吃小型爬蟲類、哺乳類，也吃昆蟲、蛋、樹葉、水果等。

用有力的後足快速跳躍前進。

姓名	竊蛋龍	生存年代	白堊紀後期
學名原意	偷蛋賊		
體型	20~36 kg　1.5~3m	食性	肉食性

生存年代：三疊紀　侏羅紀　白堊紀

肉食性恐龍　65

Tarbosaurus
特暴龍

特暴龍是在亞洲發現的肉食性恐龍中體型最大的，碩大的頭部加上鋒利的牙齒，一旦咬住獵物就絕對不鬆口。但由於下顎長度較長，咬合力量不夠，因此會搶奪其他恐龍的獵物來吃，或是吃已死掉的動物屍體。

腦容量較小

個性兇殘的特暴龍，頭骨裡尚有許多空間，因此腦容量比外表看起來的小。

前肢短小、各有兩個腳指，腳指雖小，但指甲十分鋒利。

有力、厚重的尾巴

有力的尾巴由許多結實肌肉構成，可用來揮打獵物或在跑步時平衡身體重心。

身體肌肉結實。

後足穩重、有力。

後足各有四個腳指，力量極大，有時會利用它來踩住獵物。

姓名	特暴龍
學名原意	令人害怕的蜥蜴
體型	1.5~5 t　7~14m

生存年代　白堊紀後期

三疊紀　侏羅紀　白堊紀

食性　肉食性

肉食性恐龍　67

Tyrannosaurus Rex
暴ㄅㄠˋ龍ㄌㄨㄥˊ

暴龍是眾人皆知的殘暴恐龍，簡稱為 T.rex，暴龍的身體可比大象還要大上許多。

尾巴長而結實、有力。

後足堅固、穩重，
利用後足行走。

共有四根腳指頭，
各具有堅硬的指甲。

恐怖的視線雷達

暴龍頭部較窄長，和人一樣能看到立體的物體影像，獵物一旦進入牠的視線範圍，就別想活著逃離。

脖子短而有力。

頭部體積大。

嗅覺靈敏。

下顎的肌肉發達，咬合力極大。

不成比例的短小前肢，各有兩個指頭。

巨大又尖銳的牙齒

暴龍有著大又尖的牙齒，這鋸齒狀的銳利牙齒，是牠最好用的獵捕武器。

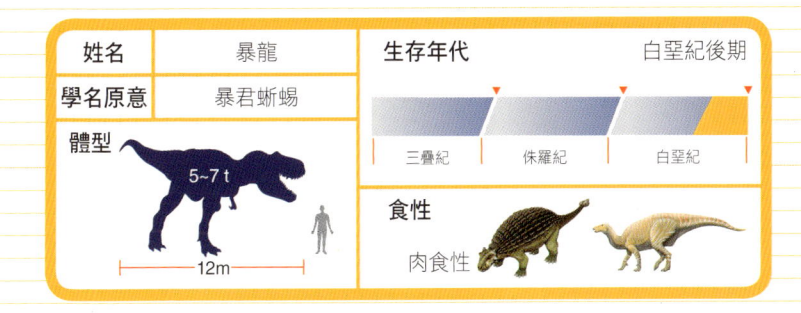

姓名	暴龍
學名原意	暴君蜥蜴
體型	5~7 t　12m

生存年代　白堊紀後期

三疊紀　侏羅紀　白堊紀

食性

肉食性

肉食性恐龍　69

恐·龍·放·大·鏡
暴龍專區

1 巨大又尖銳的牙齒

暴龍口中那些如鋸子般巨大的牙齒，十分尖銳，長度約有 30 公分，只要是被咬中的獵物，絕對無法順利逃出。

暴龍的嘴巴力量強大，連骨頭也能輕易咬碎，一次能切斷 200～250 公斤的肉。

暴龍牙齒特寫圖

2 尾巴扮演著什麼功用？

長而結實的尾巴與巨大的頭部相對，可在奔跑時平衡身體重心，也能幫助暴龍在快速轉向時不會跌倒，獵捕食物時也能利用尾巴來擊昏獵物。

3 不成比例的短小前肢

暴龍前肢雖然有著銳利的指甲，但是因為過於短小，對狩獵並無太大幫助。推測前肢的作用在於幫助身體從地面站起，或用如鉤子般的指甲來固定食物。

肉食性恐龍如何狩獵？

肉食性恐龍從體型最小的細頸龍，到體型最大的暴龍，主要都是利用他們厲害的牙齒及腳指當作狩獵武器，不過也有其他不同的狩獵方法。

牙齒及下顎

銳利的牙齒能夠咬住獵物讓他動彈不得，鋸齒狀的構造可將肉塊粉碎。有力的下巴也能緊緊咬住獵物，異特龍會用強而有力的嘴巴咬住獵物左右甩動，直到獵物死亡。重爪龍的牙齒構造和鱷魚相似，因此擅長捕抓魚類。

牙齒構造及爪子與鱷魚相似的重爪龍。

結實的尾巴及後足

暴龍有結實肌肉所組成的粗重尾巴，會在狩獵時用來擊打獵物，或者用重量驚人的後足來踩住獵物。

銳利的指甲

所有的肉食性恐龍都有著鉤子般的尖銳指甲，迅猛龍會群體攻擊獵物，跳到獵物身上後，利用指甲來攻擊。而重爪龍的前肢指甲甚至有 30 公分長。

黑夜裡外出狩獵

有著一雙大眼睛的傷齒龍，在夜間也能看得一清二楚，會在晚上出沒，獵取一些蜥蜴或小型哺乳類。

成群結隊的狩獵

暴龍這類的巨型恐龍，幾乎都是獨來獨往的狩獵，但恐爪龍這類的小型肉食性恐龍就會成群結隊合力攻擊比自己體型大上好幾倍的動物，腦容量較大的恐爪龍頭腦較靈活，因此會互相協助打獵。

肉食性恐龍

Troodon
傷齒龍

　　動作敏捷的傷齒龍會群體共同狩獵，是一種相當聰明的恐龍。此外牠們有著直徑 4.4 公分長的大眼睛，有利於夜間活動。身體構造不像爬蟲類，比較偏向鳥類。

快速行動時，柔軟細長的尾巴能幫助身體平衡。

後足細長、結實，動作迅速。

鉤子狀的後足指甲

　　後足有著鉤子狀的鋒利指甲，會跳到獵物身上，利用指甲來攻擊。

最聰明的恐龍

傷齒龍或許是所有恐龍中最聰明的一種，體重雖只有 50 公斤，但是就牠的身體和大腦的比例來看，這樣的比例較其他恐龍大上許多，這和現今鳥類的腦比例很相似。傷齒龍的腦容量比鱷魚大了五倍以上。

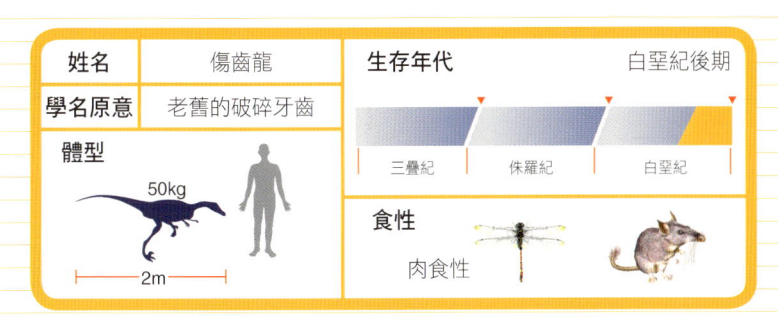

與初期鳥類的牙齒相似，雖然小，但可用尖銳的牙齒吃昆蟲、蜥蜴及小型哺乳類。

前肢各有三個腳指，可用來抓取食物。

姓名	傷齒龍
學名原意	老舊的破碎牙齒
體型	50kg　2m

生存年代	白堊紀後期
	三疊紀　侏羅紀　白堊紀
食性	肉食性

肉食性恐龍

侏ㄓㄨ羅ㄌㄨㄛˊ紀ㄐㄧˋ

　　侏羅紀可說是恐龍的全盛時期，約距今2億8千萬年至1億4千6百萬年前。

1 盤古大陸漸漸分離

　　原本相連的盤古大陸，各區塊開始慢慢的分離，陸地與陸地之間也產生了海洋。

侏羅紀時的盤古大陸

異特龍

迷惑龍

2 沙漠變為叢林

原本乾燥的氣候變得溫暖、潮濕,沙漠不見了,取而代之的是草叢、樹木及許多茂盛的植物,像是羊齒植物、針葉樹、鐵樹等。

3 恐龍種類增多

天上飛的昆蟲及嘴口龍這類的翼龍到處可見,始祖鳥也是在侏羅紀後期出現,另外,魚龍們也群體行動,支配著水中世界。

侏羅紀時期的恐龍數量及種類都增加許多,有著長長脖子的草食性恐龍腕龍、背上長著骨板的劍龍、大型肉食性恐龍異特龍及小型肉食性恐龍嗜鳥龍等,都在這時期出現。

梁龍　　腕龍　　無顎翼龍

劍龍

草食性恐龍

主要以羊齒植物、灌木、樹葉等植物為食物的恐龍.

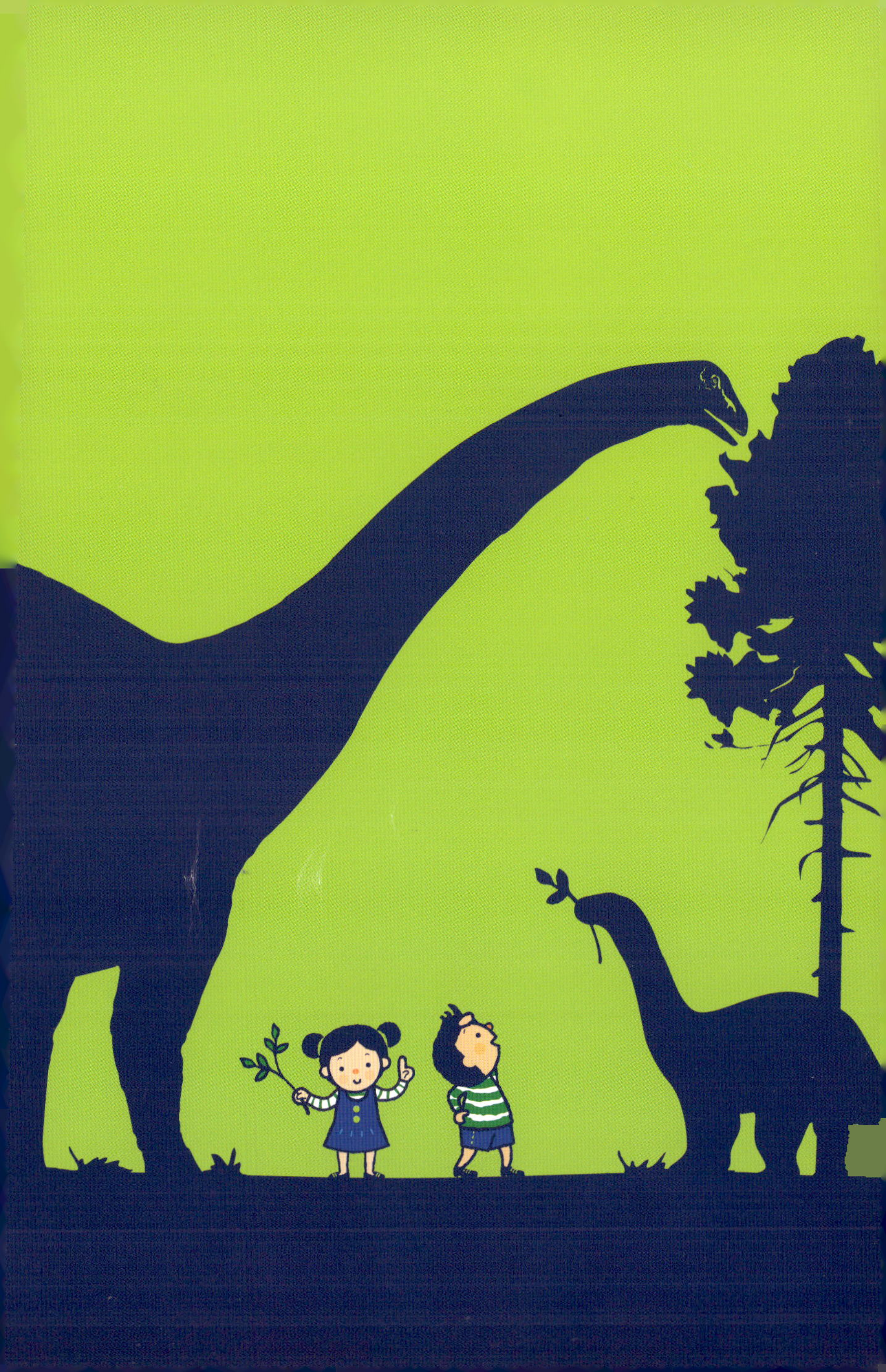

體型巨大的恐龍

草食性恐龍們為了支撐身體的重量，都以四隻腳站立，行動速度也相當緩慢。為了要維持身體熱量，牠們必須不停的大量進食，而胃裡則有專門幫助消化的胃石。草食性恐龍的特徵為頭型小巧、長脖子、長尾巴，個性溫馴，為群居動物。

Lufengosaurus
祿ㄌㄨˋ豐ㄈㄥ龍ㄌㄨㄥˊ

1941年在中國雲南省的祿豐地區發現化石，為原始龍腳類的種類之一，用不太完整的牙齒吃草或樹葉，為群居恐龍。

走路時用長尾巴來平衡。

利用四肢行動

主要是利用四肢在地上行走，要吃高處的樹葉時，也會將前腳靠在樹上站立覓食，此時尾巴必須平衡身體的重心。

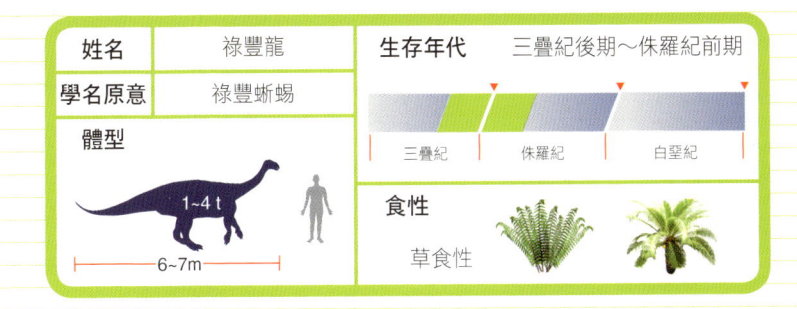

姓名	祿豐龍	生存年代	三疊紀後期～侏羅紀前期
學名原意	祿豐蜥蜴		
體型	1~4 t / 6~7m		三疊紀　侏羅紀　白堊紀
		食性	草食性

體型龐大、笨重。

零星的牙齒。

巨大又尖銳的腳指甲

巨大又尖銳的腳指甲有助於抵禦肉食性恐龍，在打鬥時幫助很大。

腳掌大又寬。

草食性恐龍　81

Riojasaurus
里奧哈龍

里奧哈龍的化石出土於阿根廷的「里奧哈」地區，因此以當地名稱來命名，為了支撐沉重的體重而使用四隻腳行走，喜歡群居生活。屬於龍腳類始祖的里奧哈龍是原始龍腳類中體型最龐大的恐龍。

比身體還長的尾巴
平常以四隻腳行動，但是在吃高處的樹葉、或威脅肉食性恐龍時，會將前腳舉起來，此時尾巴可用來平衡身體。

後足比前肢還要長一些。

食量大的驚人
以蕨類、樹葉為主要食物，想要維持這巨大的身材，一天的食物份量還真是驚人。

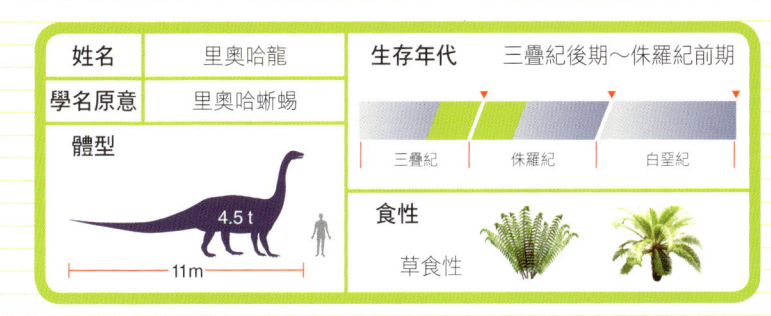

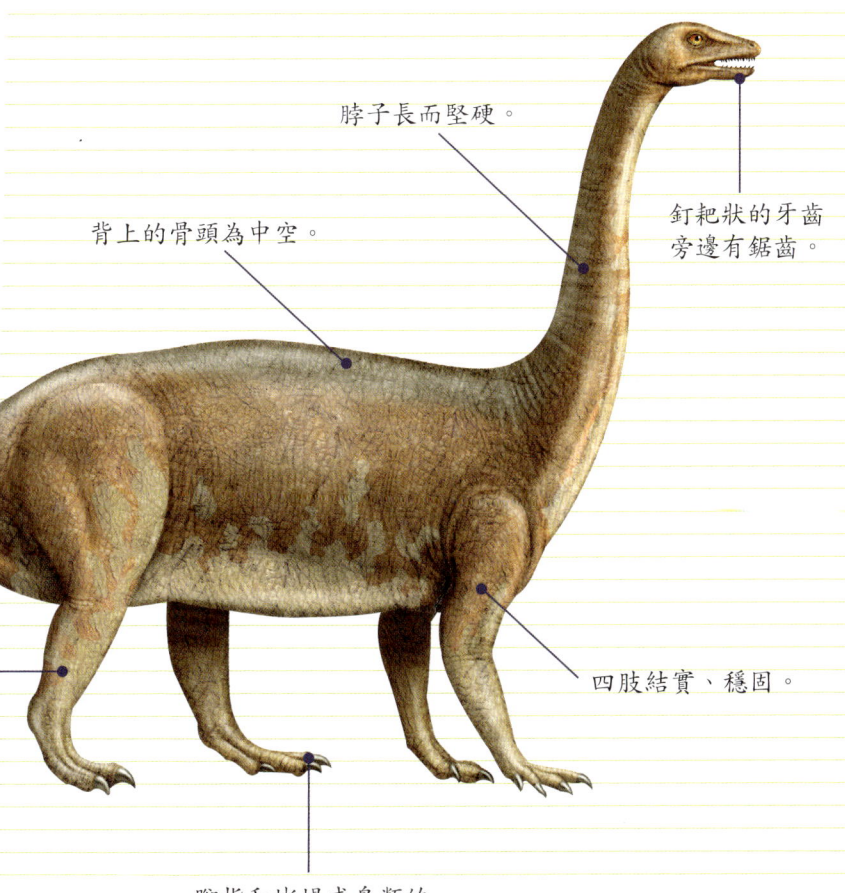

姓名	里奧哈龍	生存年代	三疊紀後期～侏羅紀前期
學名原意	里奧哈蜥蜴		
體型	4.5 t　11m	食性	草食性

脖子長而堅硬。

背上的骨頭為中空。

釘耙狀的牙齒旁邊有鋸齒。

四肢結實、穩固。

腳指和蜥蜴或鳥類的腳指相似，有著大大的指甲。

草食性恐龍　83

Shunosaurus
蜀ㄕㄨˇ龍ㄌㄨㄥˊ

個性溫馴的蜀龍在中國被發現，喜歡群體生活，以針葉樹的葉子為食物，胃中有胃石可幫助消化。

尾巴末端有著棍棒形狀的骨頭

尾巴末端有著棍棒般的圓柱型骨頭，骨頭旁邊各有兩個突起物，在和肉食性恐龍打鬥時，是很好的武器，和劍龍的尾巴模樣相似。

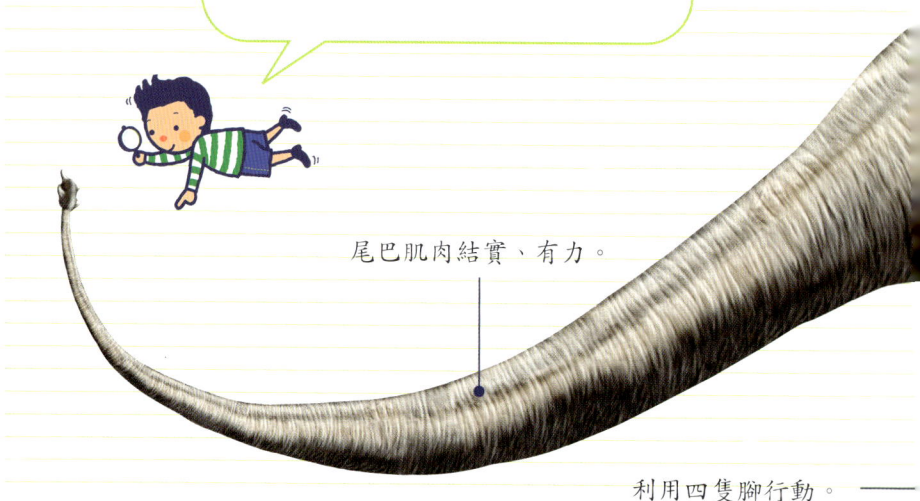

尾巴肌肉結實、有力。

利用四隻腳行動。

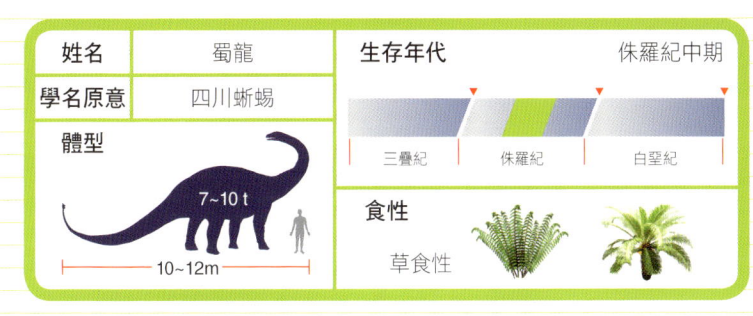

姓名	蜀龍
學名原意	四川蜥蜴
體型	7~10 t / 10~12m

生存年代	侏羅紀中期
	三疊紀 / 侏羅紀 / 白堊紀
食性	草食性

釘耙狀的牙齒構造

蜀龍的牙齒成釘耙狀,可用以摘食針葉樹的葉子。

會抬起前腳和肉食性恐龍打鬥。

大拇指的尖銳指甲是厲害的武器。

草食性恐龍

Dicraeosaurus
叉(ㄔㄚ)龍(ㄌㄨㄥˊ)

叉龍的化石被發現於非洲的坦尚尼亞，與其他龍腳類的恐龍相比，體型較小、脖子較短，主要以小株的植物為食，和肉食性恐龍打鬥時會揮舞強而有力的長尾巴反擊。

胃部有胃石。

吃生長位置較低的植物或針葉樹葉子。

厚實的前肢
厚重的前肢可抵擋肉食性恐龍的攻擊，或撐在樹幹上吃高處的樹葉。

明顯的背脊

堅固的背脊明顯而突出，像分水嶺般劃分身體界線。

結實的尾巴比身體還長。

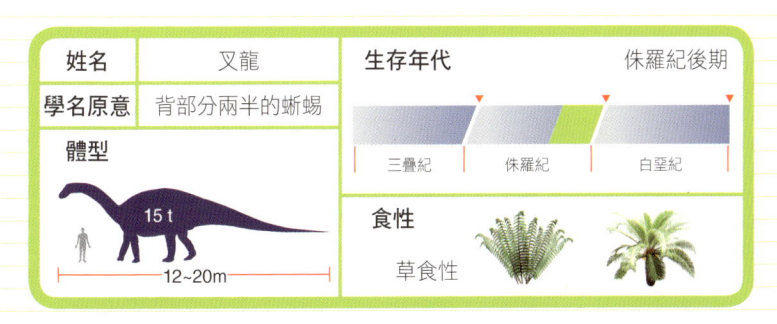

姓名	叉龍
學名原意	背部分兩半的蜥蜴
體型	15 t　12~20m

生存年代 侏羅紀後期

三疊紀　侏羅紀　白堊紀

食性

草食性

草食性恐龍　87

Diplodocus
梁龍

體型巨大但個性溫馴的梁龍，會群居在水邊生活，牠有著長脖子、長尾巴，但以身長比例來說體重算輕，約為四隻大象的體重總和。

尾巴最長的恐龍

梁龍的尾巴，由 70 多根骨頭所組成，是所有恐龍中尾巴最長的。梁龍會揮舞結實的長尾巴，藉此阻擋肉食恐龍的攻擊。

胃石可幫助消化。

不成比例的體重

梁龍雖然有著長脖子和長尾巴，體重卻相當輕，這是因為頸部骨頭、背部骨頭部份是空心。

姓名	梁龍
學名原意	雙梁

體型 10~20 t　25~27m

生存年代　侏羅紀後期

三疊紀｜侏羅紀｜白堊紀

食性　草食性

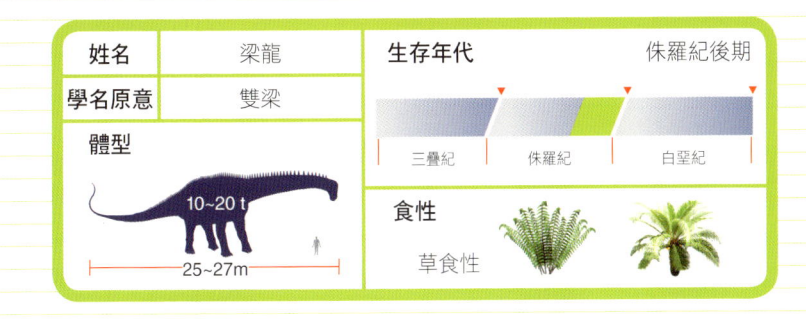

頭頂上的氣孔

主要生活在水邊、淺水灘的梁龍，頭上有著氣孔，即使在水中，只要把頭抬高就能呼吸。

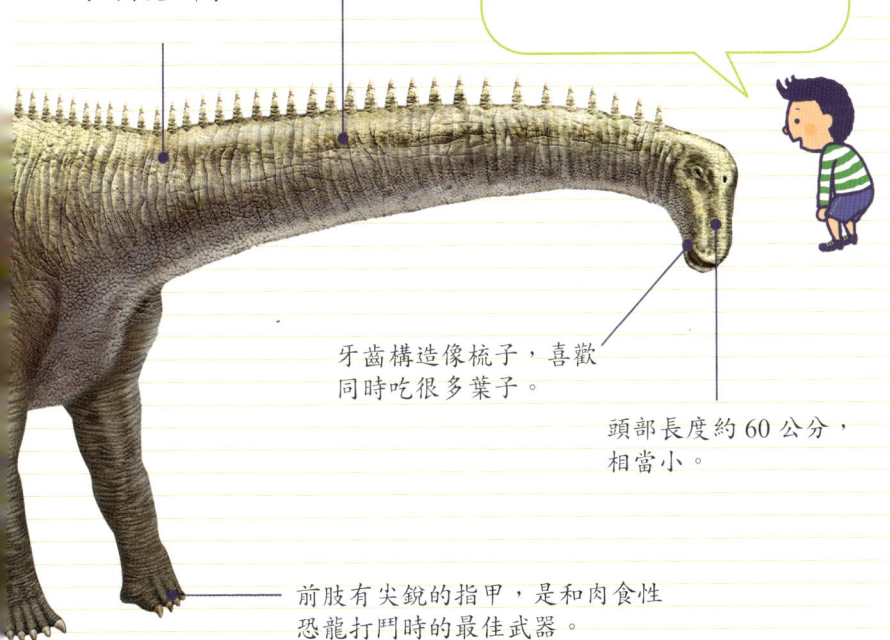

由於脖子的肌肉結實，故能支撐脖子的重量。

7～8 公尺的長脖子可挺直伸展。

牙齒構造像梳子，喜歡同時吃很多葉子。

頭部長度約 60 公分，相當小。

前肢有尖銳的指甲，是和肉食性恐龍打鬥時的最佳武器。

草食性恐龍　89

Mamenchisaurus
馬ㄇㄚˇ門ㄇㄣˊ溪ㄒㄧ龍ㄌㄨㄥˊ

被發現於中國四川省的馬門溪地區，喜好群居的生活，移動時會將幼龍放置於隊伍中間，加以保護。專吃針葉樹及柔軟的樹木，脖子很長，能吃到樹頂的葉子。

會將身體浸泡在淺水中。

脖子最長的恐龍

馬門溪龍的脖子長度為 13 公尺，佔身體的絕大部分。脖子由 19 根骨頭所組成，骨頭與骨頭間有空隙，因此能隨意彎曲，為了支撐脖子的重量，從背部到頭部都有肌肉連結支撐。

姓名	馬門溪龍
學名原意	馬門溪蜥蜴
體型	30~50 t　21~25m

生存年代　侏羅紀後期

三疊紀｜侏羅紀｜白堊紀

食性　草食性

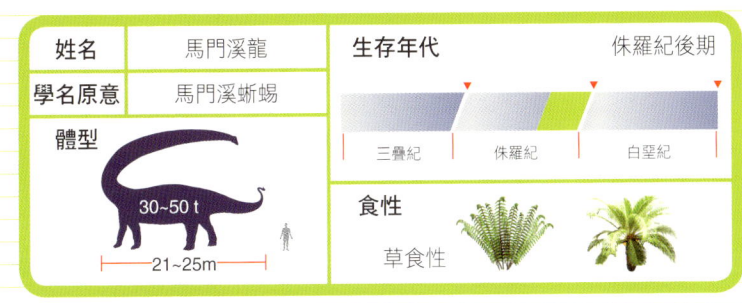

相較於巨大的身體，頭部顯得小巧。

要維持體型，必須吃大量的食物。

長而結實的尾巴可用來攻擊肉食性恐龍。

有胃石可幫助消化。

草食性恐龍　91

Brachiosaurus
腕(ㄨㄢˋ)龍(ㄌㄨㄥˊ)

看到腕龍粗硬的脖子，就知道牠是個狠角色，為了維持身體的重量，每天要吃大約兩噸的樹葉，個性很溫和，喜好群居。

用四肢行動的恐龍

腕龍為了支撐自己約80噸的體重，必須使用四隻腳走路，如同支柱的四隻腳能平均分攤身體重量，也因此行動速度相當緩慢。

身體傾斜。

若只用後腳站立，則高度可達20公尺左右。

脖子的骨頭間相互有空隙，因此長約12公尺的脖子能任意活動。

釘耙狀的牙齒能一次摘下許多樹葉。

位於頭上的鼻孔骨
頭頂有突出的骨頭，位於眼睛的前方，腕龍的鼻孔就長在那裡。

幫助消化的胃石
胃裡有胃石，能幫助消化每天吃進肚裡的數噸樹葉。

前肢比後肢還長，也是被稱作「前臂蜥蜴」的原因。

姓名	腕龍
學名原意	前臂蜥蜴
體型	40~80 t　25~30m

生存年代	侏羅紀後期
	三疊紀　侏羅紀　白堊紀
食性	草食性

草食性恐龍　93

恐・龍・放・大・鏡

腕龍

1 為什麼會有胃石？

腕龍為了維持身體熱量，每天必須吃下兩噸左右的樹葉，梳子狀的牙齒構造，讓牠能一次咬住很多樹葉，但是這牙齒的作用不在於磨碎樹葉，因此只能猛吞那些未經咀嚼的樹葉。該怎麼消化這些樹葉呢？這時，胃裡的小石頭，「胃石」便派上用場了，胃石會隨著胃部的肌肉一起蠕動，石頭與石頭相互摩擦碰觸，就能將樹葉磨碎了。

腕龍的胃

2 眼睛前方的鼻孔有什麼作用？

對於腕龍長在眼睛前方的鼻孔，許多學者抱持不同的意見，有人認為腕龍在潛水時只要露出鼻孔就能呼吸，但是體型龐大的腕龍在潛水狀態下，會因水壓的關係而無法呼吸。因此，應該是腕龍的脖子太長，所以頭部受到陽光的直曬，為了幫頭部降溫，鼻孔才會位於靠近頭頂的地方，方便吸取涼空氣降溫。

用兩隻腳行動的恐龍與用四隻腳行動的恐龍

用兩隻後足行動的恐龍是因為前肢較短小,無法支撐體重;相反的,利用四隻腳在地上行走的恐龍,前後肢的長度都差不多,可平均分攤體重、支撐身體。

用二隻腳行動的恐龍

有著長後足的獸腳類、鳥腳類、厚頭類這些恐龍們的前肢都比後足短小,故無法支撐身體重量,才會利用主要的後足行走,用後足行動的恐龍,速度也比較快。

用四隻腳行動的恐龍

擁有巨大體型的龍腳類、甲龍類、角龍類都有著堅固的四肢來支撐身體重量,因此牠們的腳掌都很寬厚,用四隻腳緩慢的移動。

兩腳、四腳並用的恐龍

禽龍這類的大型鳥腳類及祿豐龍這類的原始龍腳類,有時會看情況使用兩隻腳,或是以四隻腳來行動,這些恐龍雖然前肢短小,但腳掌面積寬且結實,可以支撐身體重量。有時會為了搶奪食物而以後腳站立,用前肢打鬥。用四隻腳站立只能吃到低處的樹葉。快跑時就將前肢抬起,用後足奔馳;想要休息慢行時,就利用四隻腳來行動。

利用四隻腳行動的禽龍

Seismosaurus
地震龍

地震龍是所有恐龍中體型最大、身長最長、也是最重的，粗厚結實的四肢和身體比起來略為短小，但這樣才能支撐住 100 噸左右的恐怖重量。

最大、最長的恐龍
地震龍體重約 100 噸，是體型最大、身長最長的恐龍，由於體重太重，每次走路時地面都會震動，因此就以「地震蜥蜴」來命名。

揮舞長尾巴可阻擋肉食性恐龍的攻擊。

姓名	地震龍
學名原意	地震蜥蜴

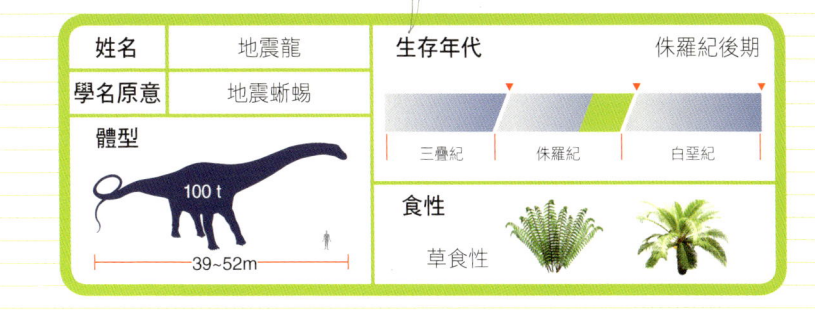

體型 100 t　39~52m

生存年代　侏羅紀後期

三疊紀　侏羅紀　白堊紀

食性

草食性

梳子狀的牙齒,可一次咬住許多針葉樹的葉子。

發現超過230顆以上的胃石。

前肢有著尖銳的腳指。

長而結實的頸部

地震龍脖子裡的骨頭留有許多空間,因此減輕不少重量,可任意活動,再高的樹葉也能隨口吃到。

草食性恐龍　97

Apatosaurus
迷惑龍

在 1879 年被命名的雷龍，其實和早兩年前發現的迷惑龍為同種恐龍，由於「迷惑龍」公佈在先，故仍以迷惑龍來稱呼，而廣為人知的「雷龍」則為異名。迷惑龍是巨大的草食性恐龍，過著群居生活。

發達的尾巴肌肉

受到肉食性恐龍攻擊的時候，會用長尾巴左右擺動揮舞，藉以威脅對方。

平常用四隻腳行走，後足共有五個腳指。

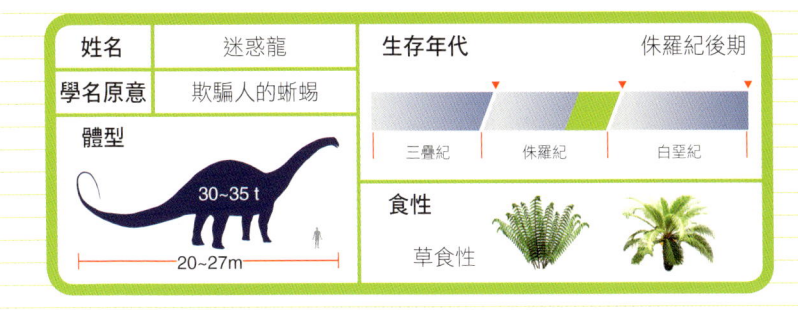

姓名	迷惑龍
學名原意	欺騙人的蜥蜴
體型	30~35 t　20~27m

生存年代　侏羅紀後期

三疊紀　侏羅紀　白堊紀

食性
草食性

在水邊生活
喜歡群居生活在水邊，悠閒的邊走邊吃嫩葉。

頸部細長。

嘴巴裡有長門牙，能咬取樹葉。

食量真不是蓋的！
迷惑龍為了要維持龐大的體型，每天都必須吃下許多食物。

內有胃石幫助消化。

草食性恐龍　99

Omeisaurus
峨ㄜˊ嵋ㄇㄟˊ龍ㄌㄨㄥˊ

　　峨嵋龍最初被發現於中國峨嵋山,因此以該地區來命名,身長約 20 公尺,也是以脖子長度出名的恐龍。喜歡在湖畔明亮之處,過著群居生活。

胃裡有胃石。

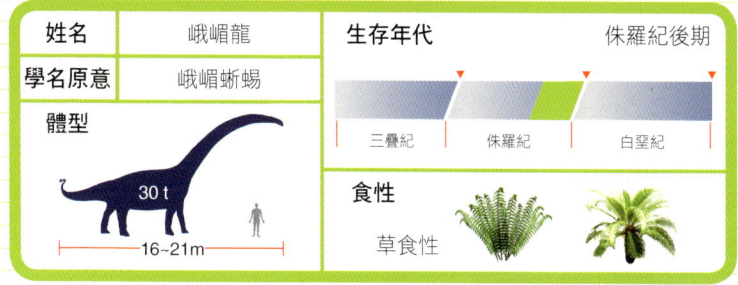

姓名	峨嵋龍	生存年代	侏羅紀後期
學名原意	峨嵋蜥蜴		
體型	30 t　16~21m	食性	草食性

三疊紀　侏羅紀　白堊紀

鼻孔位於正面。

頸部骨頭約有 17 塊以上，可將脖子伸往高處。

釘耙狀的牙齒

牙齒呈釘耙狀，上顎 32 顆、下顎 28～34 顆。

用四肢行走。

草食性恐龍　101

Camarasaurus
圓頂龍

身為巨大草食性恐龍的圓頂龍,化石被發現於北美洲,喜好群居生活。所有龍腳類的恐龍們體型都偏小,尤其是頸部、尾巴、頭部的長度都不長。

水平的屁股曲線
由於前肢和後足的長度相似,因此屁股的部分顯得平坦。強而有力的四隻腳,撐起身體所有重量。

有胃石促進消化

尾巴長度比較短。

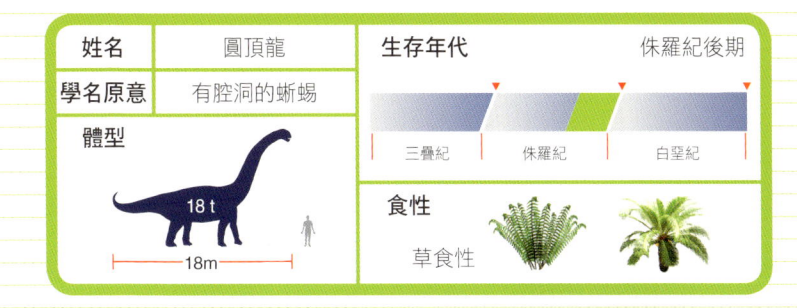

姓名	圓頂龍
學名原意	有腔洞的蜥蜴

體型 18 t 18m

生存年代　侏羅紀後期

三疊紀　侏羅紀　白堊紀

食性　草食性

頭型偏小，鼻孔部分略為突出。

脖子粗厚卻相當柔軟。

眼睛與鼻子相當靈敏，可以分辨周圍是否有敵人出沒。

梳子狀的牙齒

牙齒呈現梳子狀，有助於咬取針葉樹的葉子，大略咀嚼後就吞下肚。

前肢有銳利的指甲，可阻擋並攻擊肉食性恐龍。

草食性恐龍　103

Amargasaurus
阿馬加龍

在南美洲發現的阿馬加龍，比起其他龍腳類恐龍，體型較小、脖子較短。牠們和其他龍腳類恐龍不同，不喜歡群居生活，而是以家為單位來聚集。

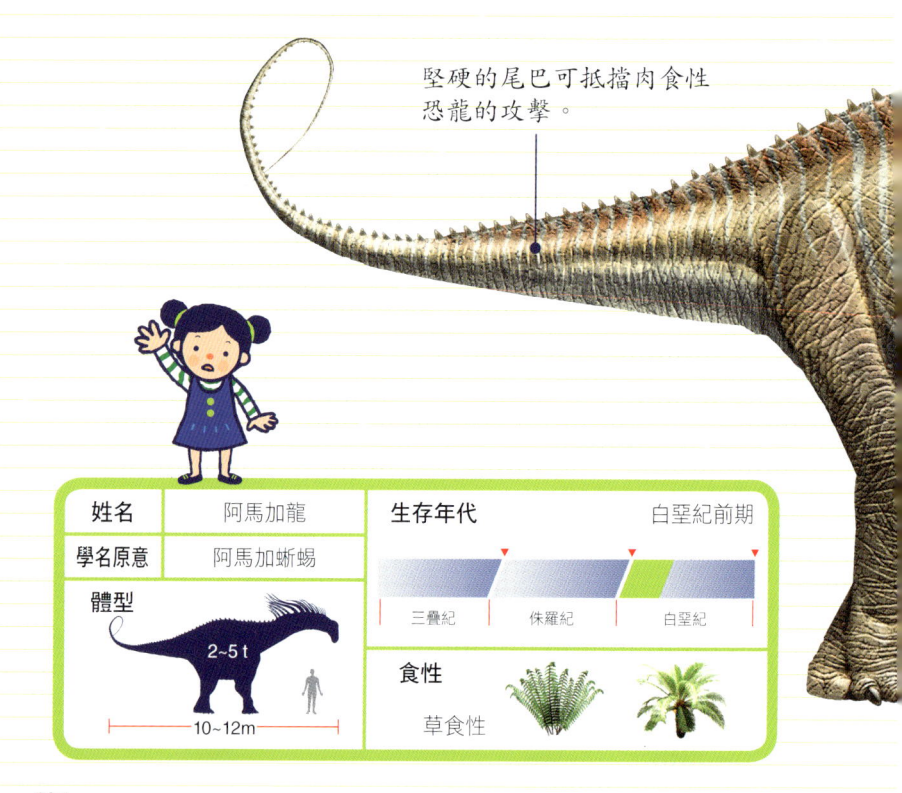

堅硬的尾巴可抵擋肉食性恐龍的攻擊。

姓名	阿馬加龍
學名原意	阿馬加蜥蜴
體型	2~5 t　10~12m

生存年代：白堊紀前期（三疊紀、侏羅紀、白堊紀）

食性：草食性

脖子上的巨大突起物

　　頸部脊椎的突起物有如棘般往上生長，這些突起物被琺瑯質覆蓋，或許有保護頸部的作用。此外，突起物之間有皮膚膜相隔，有人認為這是繁殖期時作為吸引異性之用。

吃大量的樹葉及小型植物。

用四隻腳行走。

內有胃石可幫助消化。

草食性恐龍

白ㄅㄞˊ堊ㄜˋ紀ㄐㄧˋ

為中生代的最後一個時期,距今約1億4千6百萬年至6千5百萬年前。

1 繁盛時期的恐龍全部滅種

從小型的傷齒龍到大型的暴龍,各種肉食性恐龍及角龍類的三角龍、鴨嘴類恐龍的盔龍等,許多種類的恐龍都生活在白堊紀;天空中有遨翔的翼龍,大海裡有滄龍、蛇頸龍、魚龍等。白堊紀為最多恐龍活躍的時期,但隨著白堊紀的結束,所有恐龍也一併消失。

巨獸龍
豪勇龍
奔龍

2 與現在相似的全球板塊

　　侏羅紀時期分為南北邊的盤古大陸持續地分散，到了白堊紀後期，盤古大陸的板塊分佈圖與現今地球相似，分開來的陸地上所居住的恐龍不盡相同，並隨著進化逐漸顯出差異。

白堊紀時的盤古大陸

3 季節變化，出現開花植物

　　白堊紀的氣溫雖然較侏羅紀時期略低，但整體來說還算溫暖。到了白堊紀後期，出現夏季、秋季的變化，在氣候變冷的大環境下，裸子植物變少，而被子植物——也就是開花植物，逐漸增多，開花植物的繁盛使得角龍類的草食性恐龍及鴨嘴類恐龍變多。

山東龍
風神翼龍
猶他盜龍
獨角龍

鴨嘴類恐龍及親戚們

鴨嘴類恐龍和其他恐龍不同的地方，在於可以利用牙齒，將食物咬碎後吞進肚子裡。平常會用小巧的前肢支撐在地上，雖然是用四隻腳行動，但是跳躍時只使用後腿。嘴巴和鴨子一樣有著扁長的形狀，大部分的鴨嘴類恐龍，頭頂上都長有特殊的冠子。

Heterodontosaurus
異ㄧˋ齒ㄔˇ龍ㄌㄨㄥˊ

異齒龍的化石被發現於南非，體型如大型的火雞。正如牠的學名——有不同牙齒的蜥蜴，牠有著三種不同種類的牙齒，個性溫和。

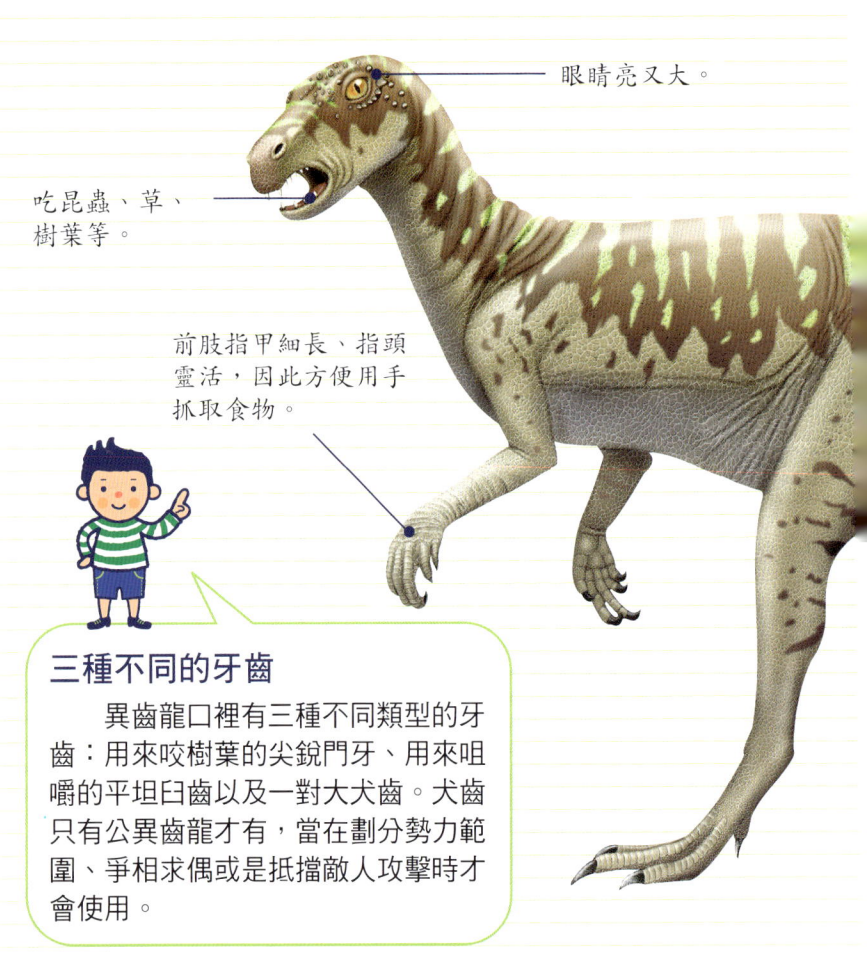

眼睛亮又大。

吃昆蟲、草、樹葉等。

前肢指甲細長、指頭靈活，因此方便用手抓取食物。

三種不同的牙齒

異齒龍口裡有三種不同類型的牙齒：用來咬樹葉的尖銳門牙、用來咀嚼的平坦臼齒以及一對大犬齒。犬齒只有公異齒龍才有，當在劃分勢力範圍、爭相求偶或是抵擋敵人攻擊時才會使用。

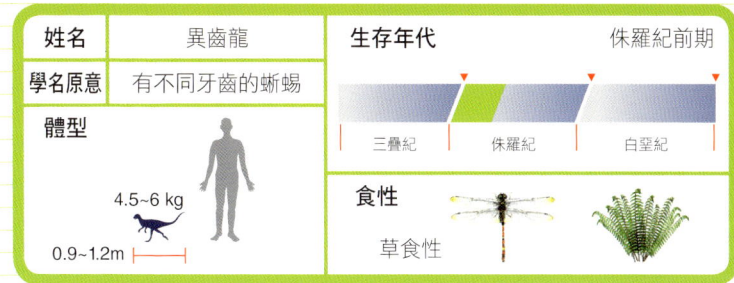

姓名	異齒龍
學名原意	有不同牙齒的蜥蜴
體型	4.5~6 kg　0.9~1.2m

生存年代　　　　　侏羅紀前期

三疊紀　侏羅紀　白堊紀

食性

草食性

可快速奔跑的後腿

後足的脛骨比大腿骨長，因此可以快速的奔跑。

後足細長、有力。

草食性恐龍　111

Dryosaurus
橡樹龍

橡樹龍的意思為「橡樹蜥蜴」，牙齒構造和橡樹相似，以此命名。牠們為群居恐龍，主要居住地為北美、歐洲、非洲的樹林裡，個性溫馴。

堅硬的長尾巴在奔跑的時候可以平衡身體重心。

利用後足行動。

可快速行動的後足
後足的脛骨比大腿骨長，可快速的奔跑。

後足細長、各有三個腳指。

姓名	橡樹龍
學名原意	橡樹蜥蜴

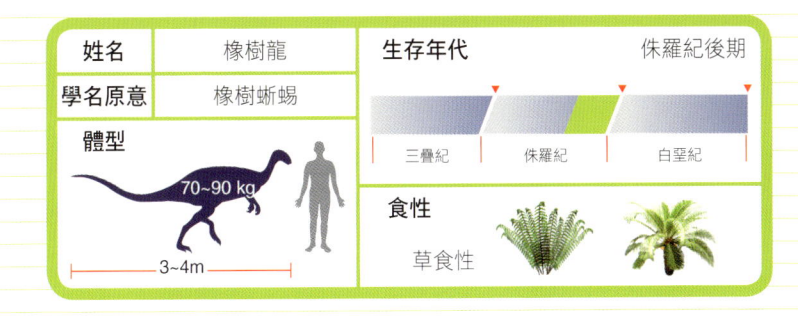

體型：70~90 kg　3~4m

生存年代：侏羅紀後期

三疊紀　侏羅紀　白堊紀

食性：草食性

有著一雙大眼睛。

細小的前肢各有五個指頭，可穩固的抓住食物。

覆有角質的喙及臼齒

橡樹龍的喙及臼齒都覆蓋著一層角質，口中有凹槽般的大臼齒，可以把所吃的昆蟲、樹葉、水果等食物仔細嚼碎。

草食性恐龍

Muttaburrasaurus
木(ㄇㄨˋ)他(ㄊㄚ)龍(ㄌㄨㄥˊ)

　　被發現於澳洲昆士蘭木他布拉地區，和禽龍有親戚關係。木他龍在夏季時會往南極方向移動，那時的南極和現今不同，不寒冷而且有茂密的樹林。木他龍個性溫馴，喜歡群居生活。

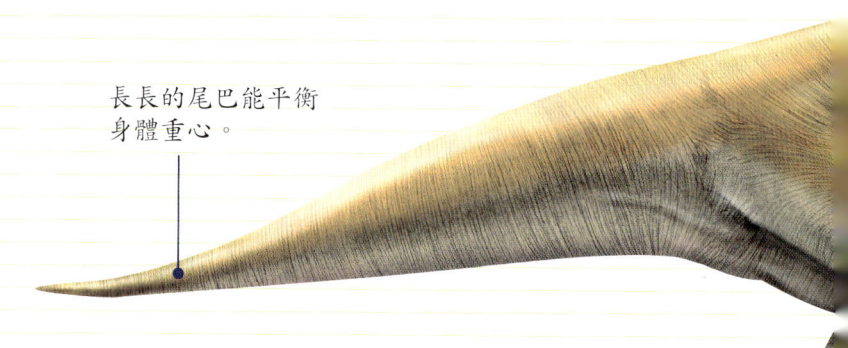

長長的尾巴能平衡身體重心。

後足各有三個指頭，腳指形狀如馬蹄。

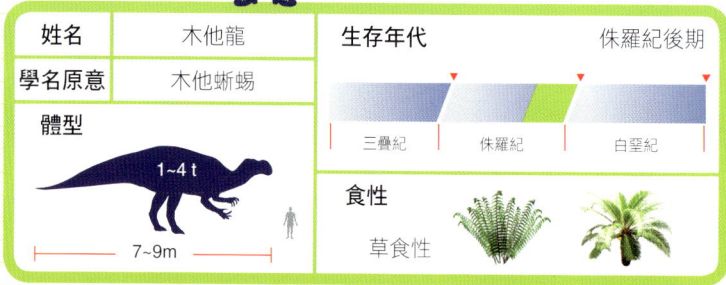

姓名	木他龍
學名原意	木他蜥蜴
體型	1~4 t　7~9m

生存年代　侏羅紀後期

三疊紀　侏羅紀　白堊紀

食性　草食性

眼部前方突出的硬物

眼部前方有著突出的骨頭，有可能是求偶用的飾品。

嗅覺靈敏。

專吃蕨類植物、樹葉、水果等。

臉頰裡的囊袋

臉頰裡有特別的囊袋，可以儲存所吃的食物。

前肢短小，共有五個指頭。銳利如釘子般的大拇指可當作武器攻擊敵人。

草食性恐龍

Iguanodon
禽龍

禽龍的意思為「鬣蜥牙齒」，因為首先發現的是牠的牙齒化石，之後在比利時找到了約二十隻左右的完整禽龍化石。牠們的個性溫馴，喜好群居。

平整有力的牙齒，專吃樹葉及果實等。

前肢有著尖銳的指甲
禽龍前肢的拇指有釘子般的尖銳指甲，在和肉食恐龍打鬥時可當作武器使用。

前肢共有五個腳指。

姓名	禽龍
學名原意	鬣蜥牙齒

體型: 4~5 t, 6~10m

生存年代: 白堊紀前期
三疊紀 | 侏羅紀 | 白堊紀

食性: 草食性

長而有力的尾巴可以阻擋肉食性恐龍的攻擊。

後足結實、有力。

後足共有三個腳指，指甲短而粗。

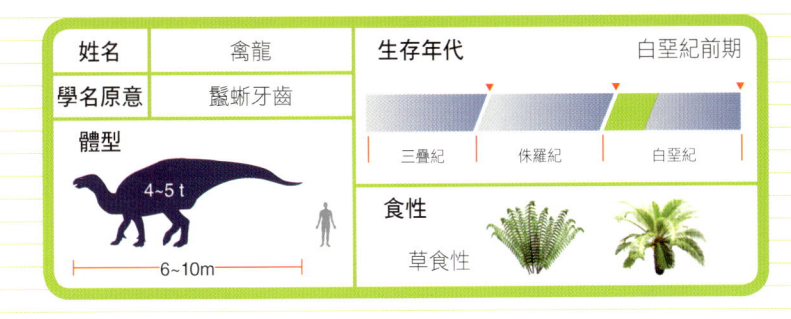

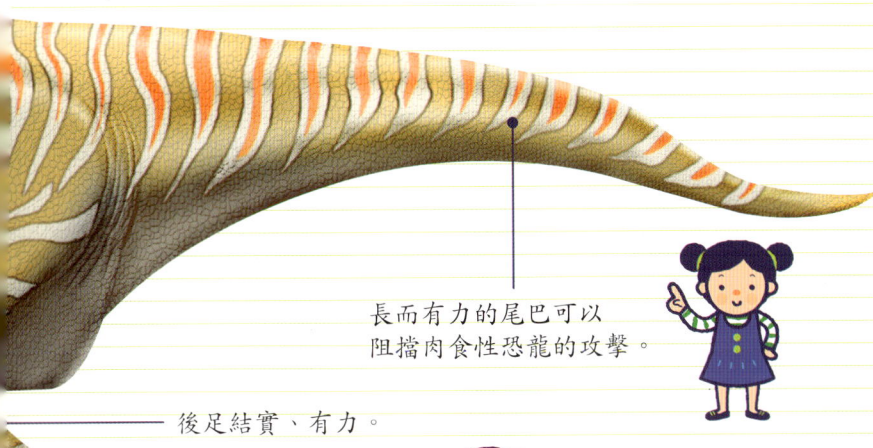

可用後足或四肢行走的恐龍

禽龍平常會利用四隻腳走路，但若遇到特別情況，或是要吃高處的樹葉時，則會利用後足站立行走。

草食性恐龍　117

Probactrosaurus
原巴克龍

原巴克龍是鴨嘴類恐龍中的巴克龍的爺爺呢！牠的體型比鴨嘴類恐龍來得小，牙齒數量也比較少，頭上也沒有特殊的冠子。

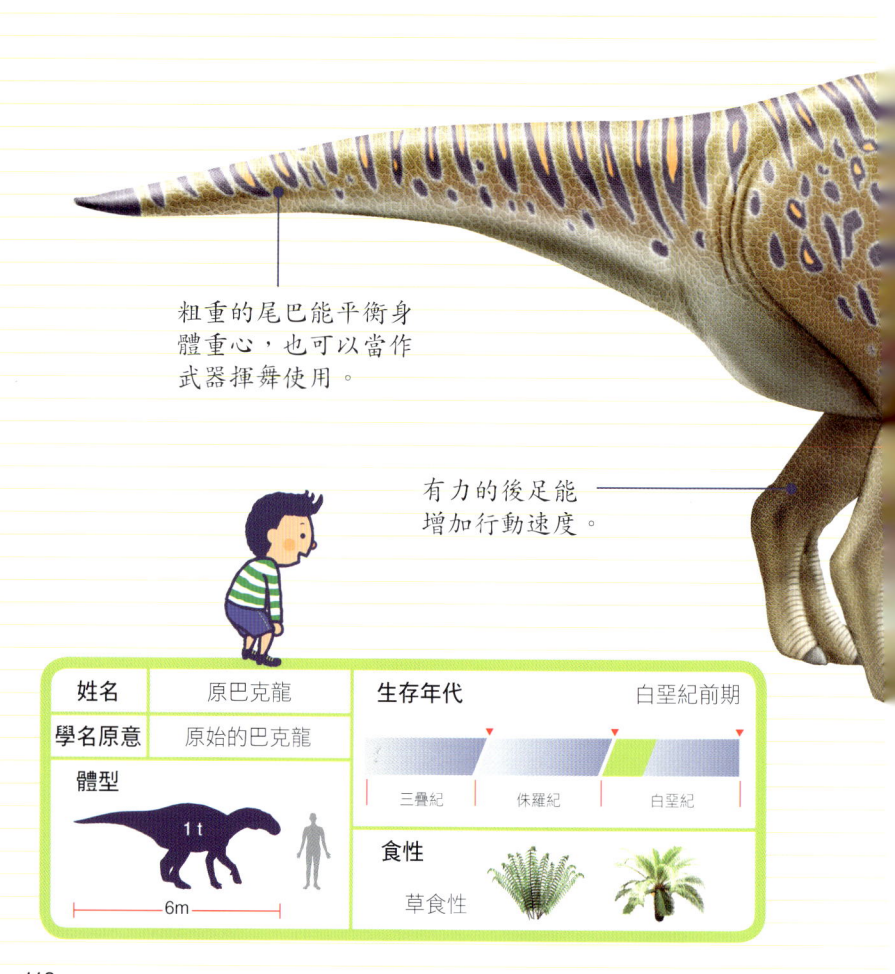

粗重的尾巴能平衡身體重心，也可以當作武器揮舞使用。

有力的後足能增加行動速度。

姓名	原巴克龍
學名原意	原始的巴克龍
體型	1 t　6m

生存年代　白堊紀前期

三疊紀　侏羅紀　白堊紀

食性　草食性

嘴裡沒有牙齒

原巴克龍的口腔前方沒有牙齒，但下顎最後方有著粗大的牙齒，先是利用嘴巴摘取樹葉，再讓後方的大牙齒磨碎，進而吞嚥、消化。

頭型和禽龍相似。

喜好吃蕨類、樹葉、水果等。

尖銳的前肢指甲

前肢指甲如釘子般鋒利，可當作打鬥時的武器。

後足共有三個腳指，指甲皆短小、粗硬。

草食性恐龍　119

Lambeosaurus
蘭伯龍

屬於鴨嘴類恐龍中體型最大的蘭伯龍，是為了紀念加拿大恐龍化石收集者——勞倫斯‧蘭伯而命名。頭上有一片往前的巨大頭冠及朝後方突起之物，是牠最大的特徵。

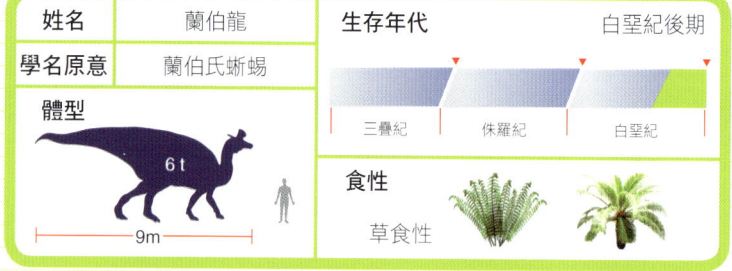

尾巴可用來平衡身體重心。

姓名	蘭伯龍
學名原意	蘭伯氏蜥蜴
體型	6 t　9m

生存年代　白堊紀後期
三疊紀　侏羅紀　白堊紀

食性
草食性

頭上的巨大頭冠

　　蘭伯龍頭上有著巨大的頭冠，公、母恐龍的外觀不同，頭冠與鼻孔相互連結，對嗅覺有所幫助。此外，在求偶之際，頭冠發揮了極大的作用，可利用頭冠的共鳴發出叫聲，吸引母恐龍注意。

後方有著堅硬的突起物。

嘴巴像鴨子一樣小而寬扁。

擁有許多牙齒，可以咀嚼樹葉、果實。

可用後足或四肢行走的恐龍

　　平時都是用四肢行走，但遇到肉食性恐龍的攻擊時，則會利用後足快速逃跑。

草食性恐龍

Maiasaura
慈ᵖ母ᵐᵘ龍ᵏᵘⁿ

　　慈母龍喜歡群居、共同築巢穴並且產卵，一起照顧幼龍，曾發現慈母龍和幼龍在一起的化石。牠們會隨著季節變化而群體移動，個性相當溫和。

頭部寬而長。

額頭上有個突起物。

鼻骨細長，鼻孔細小。

有著鴨子般的嘴巴
　　慈母龍的嘴巴寬如鴨子嘴巴，牙齒發達，因此可摘取樹葉、果實等各種植物來吃。

姓名	慈母龍
學名原意	好媽媽蜥蜴
體型	4 t　9~10m

生存年代	白堊紀後期
	三疊紀　侏羅紀　白堊紀
食性	草食性

會照顧幼龍的恐龍

大部分的恐龍，從蛋裡孵化後就必須自己長大生存，但是慈母龍會帶食物回去給巢穴裡的幼龍們吃。

長而結實的尾巴

慈母龍的結實尾巴可以平衡身體重心，也可以當作攻擊肉食性恐龍的武器，在游泳時也有所幫助。

主要用四肢行走，但為了摘取葉子，有時會利用後足站立。

草食性恐龍　123

恐·龍·放·大·鏡

慈母龍

1 牙齒發達的恐龍

像慈母龍這種鴨嘴類的恐龍，胃裡沒有胃石，因此牙齒構造相當發達。鴨嘴類的恐龍的嘴部既長又寬，利用由許多牙齒組成的「齒盤」，能將植物咬碎，如此一來其他草食性恐龍無法吃的樹皮、樹枝、針葉樹的尖銳葉子，牠們都能吃得津津有味。

慈母龍的齒板

2 幼龍們何時才能離開巢穴？

剛孵化的慈母龍的幼龍們，腿部力量較弱，沒辦法馬上離開巢穴，剛孵化的幼龍們身長約 30 公分，若是沒有長到 150 公分大、全身肌肉結實的話，還要在巢穴裡待上好幾個禮拜，等待媽媽帶食物回來餵食。

3 慈母龍的群體產卵地

美國「蒙大拿州」發現了許多慈母龍的蛋殼化石、幼龍胎兒化石及各階段幼龍的化石，推測慈母龍應該每年都會在此處產卵、照顧幼龍。

恐龍們怎麼生蛋與照顧？

和鳥類、爬蟲類一樣會生蛋的恐龍們，牠們是怎麼樣築巢、生蛋的呢？透過化石及幼龍等的相關發現，讓我們能更瞭解恐龍的生活形態。

巢穴與產卵

傷齒龍會在土地上挖一個淺如盤子般的凹槽；慈母龍則是會堆起土，並混雜著樹葉，製作出一個寬約 2 公尺的巢穴。慈母龍每年都會到同樣的巢穴產卵，並先將原本的巢穴稍做整理後再產卵。竊蛋龍和傷齒龍一次約產 22 顆蛋；慈母龍最多可產 25 顆細長的橢圓型恐龍蛋。

孵化

曾經發現竊蛋龍坐在蛋上的化石，因此，推測竊蛋龍有可能是坐在巢穴中孵蛋；慈母龍為了讓蛋能保持溫暖，會將樹葉及沙土混合，蓋在蛋上，來維持溫度，讓它孵化。

外觀、大小各不相同的恐龍蛋

有圓形的、橢圓形等不同大小的恐龍蛋；蛋殼有小突起物、薄形線條、小型凹槽等不同的外觀裝飾。恐龍蛋的表面並不像鳥蛋一樣光滑，這種粗糙的恐龍蛋殼，能阻擋泥土的覆蓋，並供給蛋內胎兒所需的養分。

幼龍的巢穴生活

傷齒龍幼龍的骨頭強壯，幼龍孵化後能馬上離開巢穴活動；但慈母龍的幼龍，則必須在巢穴裡待好幾個禮拜，讓媽媽來餵養。

正在孵蛋的竊蛋龍。

Bactrosaurus
巴(ㄅㄚ)克(ㄎㄜ)龍(ㄌㄨㄥˊ)

　　為初期鴨嘴類恐龍之一的巴克龍，在 1923 年被發現於蒙古大夏（巴克特里亞）。牠的下顎有力，可以將灌木、樹葉、果實等輕易嚼碎，個性相當溫和。

長長的尾巴能幫助身體平衡。

用四肢行走，可快速奔跑。

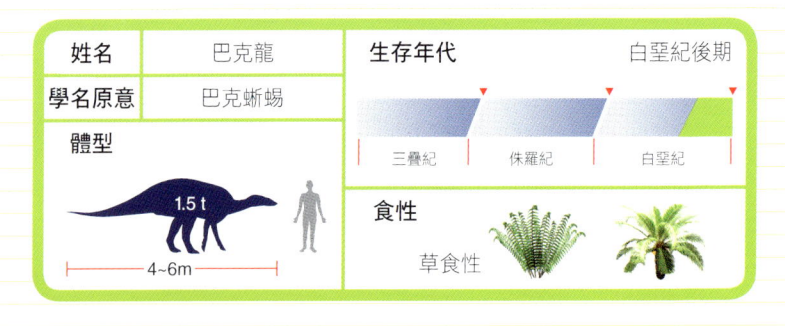

姓名	巴克龍
學名原意	巴克蜥蜴
體型	1.5 t　4~6m

生存年代	白堊紀後期
	三疊紀　侏羅紀　白堊紀
食性	草食性

沒有頭冠的鴨嘴類恐龍

鴨嘴類恐龍又細分為有頭冠及無頭冠兩種。巴克龍是屬於沒有頭冠的鴨嘴類恐龍。

嘴部如鴨子般寬扁。

和其他鴨嘴類恐龍相比，牙齒數量較少。

指甲短小、粗硬。

草食性恐龍

Saurolophus
龍櫛龍

龍櫛龍頭頂的冠子和鼻孔相連，可以發出響亮的聲音。嘴裡有數百顆牙齒，能將食物仔細咬碎。

長尾巴可在游泳時派上用場。

利用四肢行走，可快速奔跑。

姓名	龍櫛龍
學名原意	有冠的蜥蜴
體型	9 t，9~13m

生存年代：白堊紀後期（三疊紀、侏羅紀、白堊紀）

食性：草食性

頭頂上突出的冠子

龍櫛龍頭頂上有個頭冠,由於頭冠和鼻孔相連,因此可發出非常嘹亮的聲音,或許牠們會利用聲音互相傳達意見,例如防禦或求偶時發出聲響來傳遞訊息。

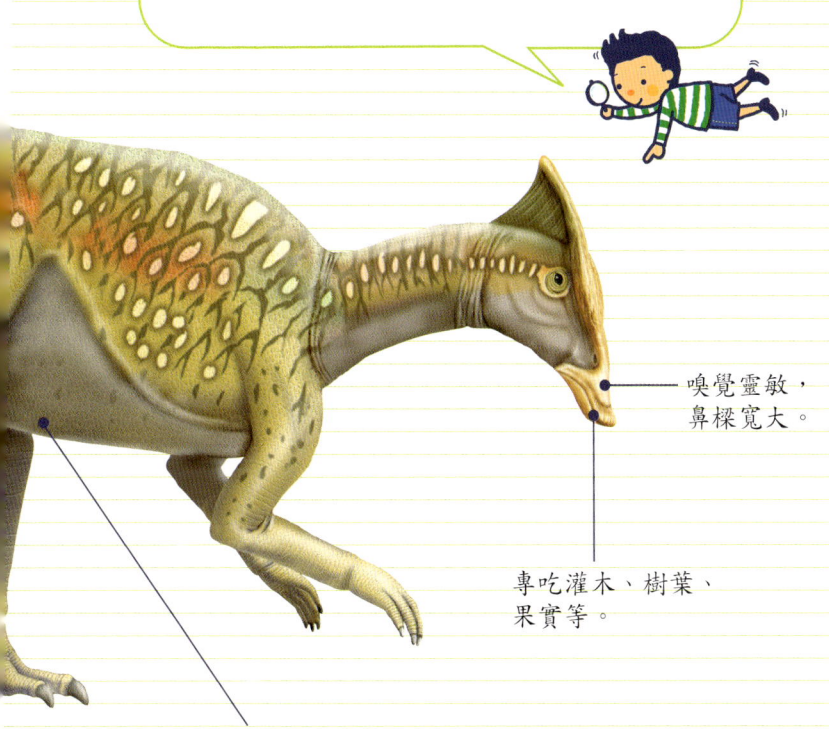

嗅覺靈敏,鼻樑寬大。

專吃灌木、樹葉、果實等。

母恐龍可生產許多蛋,並照顧幼龍。

草食性恐龍　129

Shantungosaurus
山東龍

被發現於中國山東省的山東龍，是鴨嘴類恐龍中體型最大的恐龍，個性溫和，喜歡群體生活，會一同抵擋肉食性恐龍的攻擊。

尾巴長度超過身體一半

山東龍的尾巴長度超過身體總長一半以上，由許多結實的肌肉所組成，行走時尾巴能平衡身體重心。

嗅覺敏銳。

發達的臉頰及寬扁的嘴

山東龍的嘴型寬扁如鴨子，嘴裡有許多小牙齒可咬碎食物。此外，臉頰發達，可將食物放在臉頰內慢慢咬碎，然後消化。

頸部相當柔軟。

利用四肢行走的恐龍

山東龍的前肢比後肢短小，卻是用四隻腳行動。在吃高處的食物時，也會用後腳站立。

姓名	山東龍
學名原意	山東省蜥蜴

體型: 16 t, 13~16m

生存年代: 白堊紀後期（三疊紀、侏羅紀、白堊紀）

食性: 草食性

草食性恐龍　131

Anatotitan
大鴨龍

名字意為「巨大鴨子」的大鴨龍，雖然屬於鴨嘴類恐龍的一員，卻沒有頭冠。大鴨龍的化石在美國出土。個性溫和，喜歡群體生活。

上千顆牙齒

嘴巴外觀如鴨嘴的大鴨龍，嘴裡有上千顆牙齒，如磨菜板般密合，可咬碎樹葉及果實等食物。

有著堅硬的脊椎骨。

頸部柔軟。

姓名	大鴨龍
學名原意	巨大鴨子

體型: 5 t, 9~12m

生存年代: 白堊紀後期

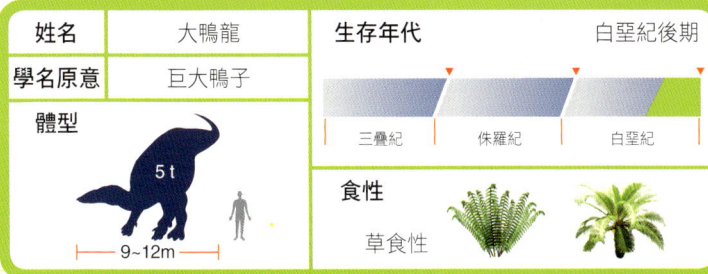

三疊紀 | 侏羅紀 | 白堊紀

食性: 草食性

長尾巴用來平衡身體重心。

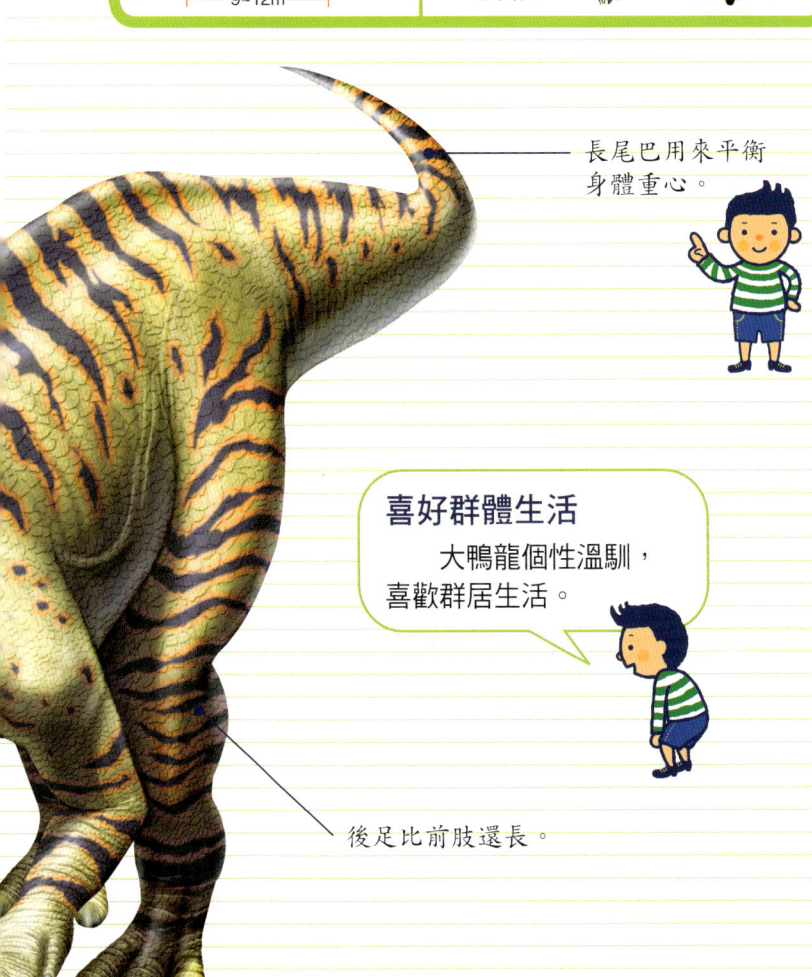

喜好群體生活
大鴨龍個性溫馴，喜歡群居生活。

後足比前肢還長。

草食性恐龍　133

Tsintaosaurus
青島龍

　　被發現於中國青島的青島龍體型和龍櫛龍差不多，青島龍的最大特徵是：額頭上有個特殊的頭冠，由於頭冠為中空構造，因此能像副龍櫛龍一樣發出低沉且響亮的聲音。個性溫和、群體生活。

群體生活
　　青島龍個性溫和，喜歡群體生活。

母恐龍能產下許多蛋。

姓名	青島龍
學名原意	青島蜥蜴
體型	3 t，10~11m

生存年代：白堊紀後期
三疊紀　侏羅紀　白堊紀

食性：草食性

額頭上的特殊頭冠

額頭上的頭冠突出於兩眼之間,頭冠末端呈 V 型。由於頭冠看起來並不堅硬,因此推斷不是作為武器使用,應是用來吸引母恐龍,或與其他同伴傳遞訊息。

嘴部如鴨子般寬扁。

專吃灌木、樹葉、果實等。

前肢腳掌厚實,便於四肢行動。

移動速度快速。

草食性恐龍　135

Corythosaurus
盔龍

盔龍的名字意思為「頭盔蜥蜴」，因其頭上有著突出的頭冠，就像戴著一頂帽子。1912 年發被現於加拿大，化石上還遺留著皮膚的痕跡。

母恐龍會產下許多蛋，照顧並孵化下一代。

隱藏的食物囊袋

像鴨子的嘴巴裡有超過六百顆以上的牙齒，一直延伸到口腔內部；另外嘴巴裡也有隱藏的囊袋，可將吃下的灌木、樹葉、水果等儲存後再慢慢咀嚼、消化。

結實的長尾巴能平衡重心，也是游泳時的好幫手。

後足腳指又粗又硬。

扇子狀的頭冠

盔龍頭上有著扇子形狀的奇特頭冠，頭冠和鼻腔相連，可發出響亮的聲音，並藉由聲音高低來和同伴們傳遞訊息。另外，頭冠也利於潛水，可用來儲存空氣。若遇到肉食性恐龍攻擊，頭冠也能發揮威嚇的作用，還能對母恐龍產生吸引力。

前肢短小。

前肢腳掌比後足來的小。

姓名	盔龍
學名原意	頭盔蜥蜴
體型	2.8~4.1 t ／ 9~10m

生存年代：白堊紀後期

三疊紀　侏羅紀　白堊紀

食性：草食性

Parasaurolophus
副龍櫛龍

副龍櫛龍唯一的武器，就是利用龐大的身體，來抵擋肉食性恐龍的攻擊，因此過著群體生活，常常需要眼觀四面、耳聽八方，並用敏銳的嗅覺來窺探敵人。個性溫和。

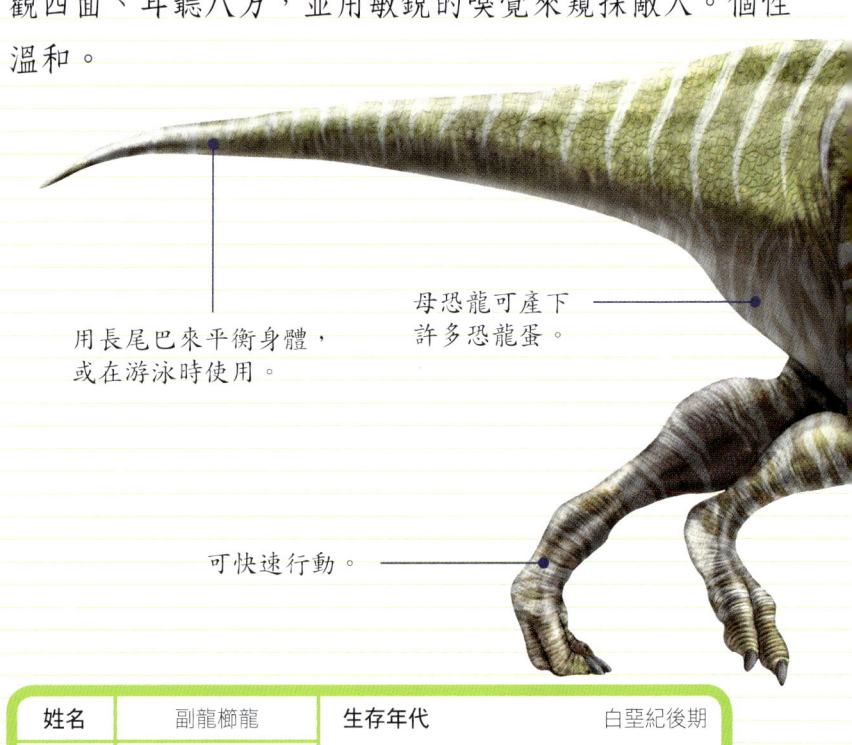

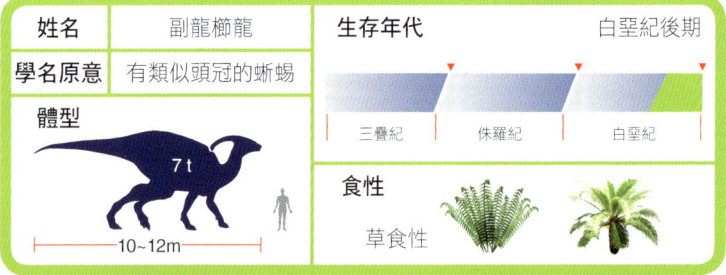

用長尾巴來平衡身體，或在游泳時使用。

母恐龍可產下許多恐龍蛋。

可快速行動。

姓名	副龍櫛龍
學名原意	有類似頭冠的蜥蜴
體型	7 t，10~12m

生存年代：白堊紀後期（三疊紀、侏羅紀、白堊紀）

食性：草食性

背上的的凹洞

副龍櫛龍背上有一個凹槽，像是為了與頭冠尾端嵌合所產生的特殊構造。

嘴巴如鴨子般寬扁。

2 公尺長的頭冠

副龍櫛龍頭上有著 2 尺長的頭冠，頭冠和鼻腔相連著，可發出響亮聲音。

利用四隻腳行動。

草食性恐龍

Parksosaurus
帕克氏龍

被發現於北美洲的帕克氏龍，名字取自加拿大恐龍收集家「帕克」。瘦扁的嘴巴喜歡吃小棵樹木、樹葉、果實等，凹槽般的臼齒能把食物磨碎。

尾巴用來保持身體平衡。

有力的後足能快速奔跑，在吃位於低處的小型樹木時，會將四隻腳放在地面。

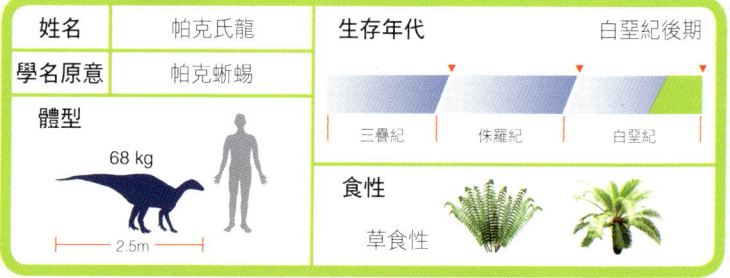

姓名	帕克氏龍
學名原意	帕克蜥蜴
體型	68 kg ─ 2.5m

生存年代：白堊紀後期（三疊紀、侏羅紀、白堊紀）

食性：草食性

支撐雙眼的骨頭

在同種類的恐龍中，帕克氏龍的眼睛較大，因此擁有能支撐雙眼的特殊骨頭構造。

嘴巴瘦扁。

喜歡群居生活

個性溫馴，喜歡成群結隊生活。

共有五個腳指。

草食性恐龍　141

Ouranosaurus
豪ㄏㄠˊ勇ㄩㄥˇ龍ㄌㄨㄥˊ

豪勇龍雖然屬於禽龍種類，但和鴨嘴類恐龍愛德蒙頓龍一樣，頭骨細長、嘴巴寬扁，背上有著和棘龍相似的帆狀皮膚膜。

與其他禽龍類恐龍不同，眼睛上方有突起物。

頸部柔軟。

像人類手掌的前肢

前肢共有五隻指頭，和人類的手掌相像，可抓取東西。拇指指甲尖銳，突出於側邊。

姓名	豪勇龍
學名原意	勇敢的蜥蜴

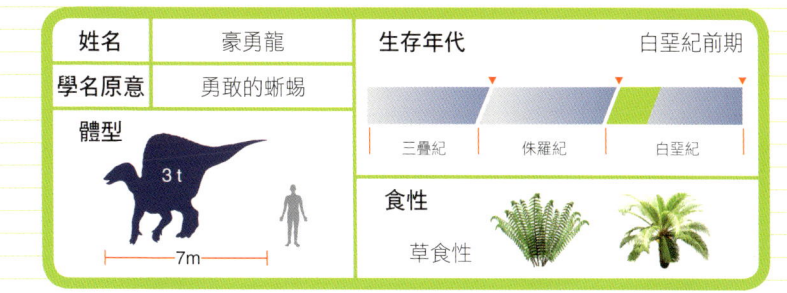

體型: 3 t, 7m

生存年代: 白堊紀前期
三疊紀 | 侏羅紀 | 白堊紀

食性: 草食性

奔跑時尾巴能平衡身體重心。

後足比前肢還長,可快速奔跑。

背部中央突起的皮膚膜

豪勇龍的背部中央有突起約 50 公分左右的皮膚膜,上面佈滿許多血管,有調節身體溫度的功用。

草食性恐龍

Tenontosaurus
腱龍 ㄐㄧㄢˋ ㄌㄨㄥˊ

腱龍從背部到尾巴，有一條結實、強健的筋，因此命名為「腱龍」。1960 年被發現於美國。

曾發現腱龍被恐爪龍侵襲的化石。

驚人的長尾巴

腱龍的尾巴長度超過身體一半以上，能讓身體取得重心平衡。尾巴的骨頭被強韌的筋包覆著。

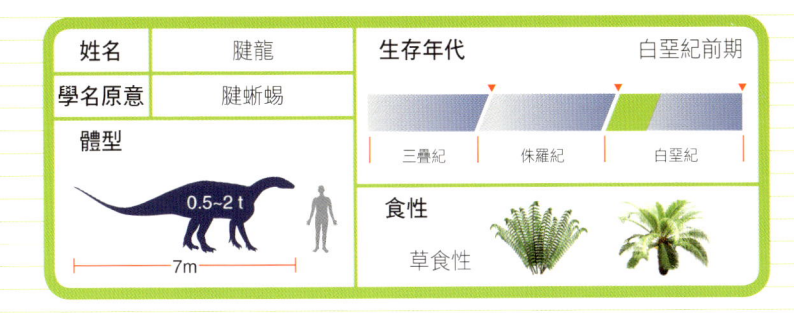

姓名	腱龍	生存年代	白堊紀前期
學名原意	腱蜥蜴		
體型	0.5~2 t / 7m		三疊紀 侏羅紀 白堊紀
		食性	草食性

個性溫和。

專吃灌木、樹葉、果實等。

後足、四肢並用的恐龍

平時腱龍會利用四隻腳慢慢行動、覓食，但遇到危險時，則會用後足快速奔跑。

草食性恐龍　145

恐龍們都吃些什麼？

大部分的恐龍都以小型灌木或樹葉等植物為食，只有一部分的恐龍會獵取小型動物或其他恐龍們。恐龍依照進食習性的不同，分為草食性恐龍以及肉食性恐龍，也有都吃的雜食性恐龍。

1 草食性恐龍的食物

草食性恐龍主要以羊齒植物或銀杏樹這類的裸子植物為食，恐龍們會在不同的地方進食，因此能減少不必要的競爭。

像原角龍這種體型較小的角龍類恐龍，會吃生長在地上的植物或是極小型樹叢的葉子；而三角龍這種體型較大的角龍類恐龍，會吃小型樹叢的樹葉；靠後足站立的慈母龍會吃大型的樹木；而腕龍這類巨大恐龍，則以大型樹木頂端的葉子為食。

正在進食的梁龍。

2 肉食性恐龍的食物

　　通常塊頭較大的肉食性恐龍，都會獵取草食性恐龍，而體型小的肉食性恐龍，則以昆蟲、烏龜、鱷魚、蜥蜴等哺乳類動物為食。

　　暴龍、異特龍這些大型的肉食性恐龍會獨自獵食；奔龍、角鼻龍則會成群結隊，協力攻擊比自己大的恐龍。

　　此外，行動敏捷的恐爪龍會獵食哺乳類；細顎龍這種體型嬌小的肉食性恐龍主要以蜥蜴、哺乳類、或較大的昆蟲為食；虛形龍有時會獵取與自己同種類的恐龍。

　　肉食性恐龍狩獵時所花費的力量和時間較長，因此像暴龍這類的大型肉食性恐龍，只要狩獵一次之後，會連續好幾天不獵食，讓自己休息。

正在獵食的暴龍。

擁有骨板的恐龍

被稱為劍龍類的這些恐龍們,利用四隻腳行走,大大的身體配上一顆小小的頭。牠們大部分尾巴上會有槍狀的刺,而背上長著五角型的骨板或尖銳的突起物,具有調節身體溫度的作用。

Scelidosaurus
稜ㄌㄥˊ背ㄅㄟˋ龍ㄌㄨㄥˊ

稜背龍是角龍類及劍龍類的祖先,整體外型和角龍類恐龍相似;但頭部則和劍龍類恐龍相像。個性溫和。

頭部小巧。

外觀如葉子般的牙齒,長至口腔下顎後方。

頸部較短。

體型並不大。

背脊上的突起物

從頸部到尾巴的背脊上，長滿圓角狀的突起物，可用來抵擋肉食性恐龍的攻擊。

尾巴長度超過身體一半

利用後足奔跑時，尾巴能平衡身體重心，也能成為阻擋肉食性恐龍攻擊的利器。

姓名	稜背龍
學名原意	腿蜥蜴
體型	0.4 t　3~4m

生存年代　侏羅紀前期

三疊紀｜侏羅紀｜白堊紀

食性　草食性

草食性恐龍　151

Lexovisaurus
勒ㄌㄜˋ蘇ㄙㄨ維ㄨㄟˊ斯ㄙ龍ㄌㄨㄥˊ

勒蘇維斯龍是以法國古代部落「Lexovi」來命名，牠屬於原始的角龍類，被發現於英國、法國。個性非常溫馴。

尾巴有著銳利的突起物。

尾巴相當粗重。

利用四隻腳行動。

又大又薄的骨板

外觀如刀子般的骨板,又大又薄,從頭至尾巴,共有兩排。

嗅覺十分靈敏。

可快速奔跑。

姓名	勒蘇維斯龍
學名原意	Lexovi 蜥蜴
體型	2 t　5m

生存年代 　　　　　　　　　侏羅紀中期

三疊紀　侏羅紀　白堊紀

食性

草食性

草食性恐龍　153

Huayangosaurus
華ㄏㄨㄚˊ陽ㄧㄤˊ龍ㄌㄨㄥˊ

　　屬於劍龍類恐龍中最原始的恐龍，發現於中國華陽地區，為劍龍的爺爺。華陽龍有些許牙齒，但進化後的劍龍，則沒有牙齒。

頭骨比劍龍更接近四角型。

上顎前半部有牙齒。

利用四隻腳行動。

背上的骨板

從頭部開始,背上的骨板分成兩排,先是如愛心般的小骨板,到了肩膀部位則變成槍的形狀,一直延伸到尾巴中段,大骨板又變為小骨板。

尾巴末端有著槍狀的突起物。

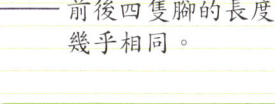

前後四隻腳的長度幾乎相同。

姓名	華陽龍
學名原意	華陽蜥蜴
體型	1.4 t　4m

生存年代　　　　侏羅紀中期

三疊紀　侏羅紀　白堊紀

食性

草食性

草食性恐龍　155

Stegosaurus
劍ㄐㄧㄢˋ龍ㄌㄨㄥˊ

　　在擁有骨板的恐龍之中，劍龍是體型最大的一種，背上有兩排骨板，尾巴末端長著尖銳的突起物。個性溫馴，生活在樹林中，以灌木或樹葉為食。

小巧的頭部
　　和巨大的身體相比之下，頭部和腦容量顯得相當小。

對嗅覺很敏銳。

嘴巴窄小但堅硬，口腔前面沒有牙齒，因此以柔軟的樹葉、蕨類為食。

前肢比後足短小。

利用四隻腳行動。

背部上的五角型骨板

劍龍背上的骨板長度約60～80公分,和骨頭上的肌肉相連,可左右移動。五角形的骨板從頭至尾共有17個,骨板方向相互交錯,越往背部延伸、骨板越大,到尾巴則逐漸變小。

尾巴末端的尖銳突起物

由結實肌肉組成的尾巴,末端有由骨頭形成的銳利突起物,最長的突起物有1公尺,受到肉食性恐龍攻擊時,會揮舞尾巴的突起物來戰鬥。

姓名	劍龍
學名原意	有屋頂的蜥蜴
體型	3~6 t　6~9m

生存年代　侏羅紀後期

三疊紀　侏羅紀　白堊紀

食性

草食性

草食性恐龍　157

恐·龍·放·大·鏡

劍龍

1 腦部如胡桃般大

劍龍雖然有碩大的身軀，頭部卻相當小巧，身長6～9公尺、體重3～6噸，在長約40公分的頭裡，腦體積只佔了70公克，大約和胡桃一樣大，可說是所有恐龍中，頭腦最不好的。

2 骨板扮演何種作用？

調節體溫

骨板裡密佈著細小血管，經過太陽的照射後，可讓血液溫暖，提升體溫；相反的，如果沒有陽光、或受冷風吹襲的話，體溫則會下降。

防禦外敵

骨板的作用在於可使身體看起來較龐大，以威脅肉食性恐龍，這麼一來，肚子餓的肉食性恐龍比較不敢隨意侵犯。劍龍不僅可以利用骨板銳利的部分攻擊，也能相互碰撞發出聲響，作為警告信號。此外，骨板還能用來分辨恐龍種類，或在交配時成為公恐龍取得母恐龍歡心的工具。

劍龍的骨板

如何判定恐龍所吃的食物？

我們如何知道恐龍們在活著的時候吃些什麼呢？古生物學家統合研究牠們的牙齒與下顎、腳指的形狀、胃石、排泄物化石以及身體形態等，歸納出牠們所吃的食物。

牙齒與下顎

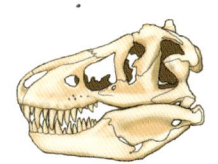

肉食性恐龍的牙齒如刀子般銳利，但草食性恐龍為了要咀嚼草類及舔食樹葉，因此有著各式各樣的牙齒。暴龍這類的肉食性恐龍為了能方便獵食，所以有著強力的下顎及尖銳的牙齒；相反的，慈母龍這類的鴨嘴類恐龍口腔前半部沒有牙齒，而是用扁平的嘴來拔取樹葉後，以後方的平坦牙齒咬碎。另外，腕龍如梳子般的釘耙狀牙齒，能一次咬取很多樹葉。

肉食性恐龍的頭骨

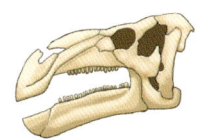

草食性恐龍的頭骨

最後所吃的食物

在研究恐龍化石時，有時會發現牠們最後吃下的食物。在細顎龍的胃裡發現小蜥蜴的骨頭；在重爪龍體內則發現魚鱗及牙齒。另外，在虛形龍的肚裡竟發現虛形龍幼龍的骨頭，似乎是獵食同種族的緣故。

排泄物化石

排泄物裡有著恐龍吃剩的食物殘骸，但必須要和恐龍一起發現，才能辨別所吃的食物。

有胃石的恐龍

在恐龍胃裡，發現如小石子般的胃石，牙齒無法將葉子完全咀嚼的草食性腕龍，每天吃下好幾噸的針葉樹，都是靠著胃裡的胃石才得以消化。另外，在地震龍的化石裡，發現 64 顆胃石。

草食性恐龍

恐龍為何會絕種？

6千5百萬年前中生代的白堊紀後期結束，這些主宰陸地的恐龍們全都消失不見了。可是到目前為止，還沒辦法查明恐龍消失的真正原因，學者們只能做出以下推測：

1 巨大的隕石撞擊地球

據說在白堊紀末期，有個直徑 10 公里、重 2 千 3 百萬噸的巨大隕石撞擊地球，使得所有恐龍滅種。隕石撞擊時所產生的塵土將整個地球覆蓋，所以陽光無法透射，導致地球溫度下降，植物們無法進行光合作用，進而死亡，因此吃植物維生的草食性恐龍最先餓死，厄運隨後降臨在吃草食性恐龍的肉食性恐龍，不久也相繼餓死了。這是目前最值得相信的學說。

隕石撞擊地球的樣子。

2 火山爆發

劇烈的火山活動，導致地球環境產生巨大改變，恐龍也隨之消失。火山爆發所產生的二氧化碳等氣體衝至大氣層內，使溫度急遽上升，生態系漸漸失去平衡，恐龍也因此消失在地球上。

火山爆發。

3 氣溫突然驟降

地殼變動劇烈的白堊紀，海水降低，漸漸乾枯成陸地，因此，海中生物消失、氣溫變化等各種環境因素使得恐龍也跟著消失不見。

4 其他學說

此外還有哺乳類把所有恐龍蛋吃掉、恐龍蛋殼變薄、種類不均衡等學說。

穿著鎧甲的恐龍

白堊紀時，有許多身體堅硬如鎧甲的恐龍們。牠們屬於甲龍類的恐龍，這些草食性恐龍以四隻腳行動，牠們會利用如槍般的長型突起物或尾巴末端的錘狀骨頭來抵擋肉食性恐龍的攻擊。

Minmi
敏迷龍

曾擁有恐龍界中最短名字的敏迷龍，發現於澳洲，連腹部都有特殊的小骨板，可免受肉食性恐龍的攻擊。

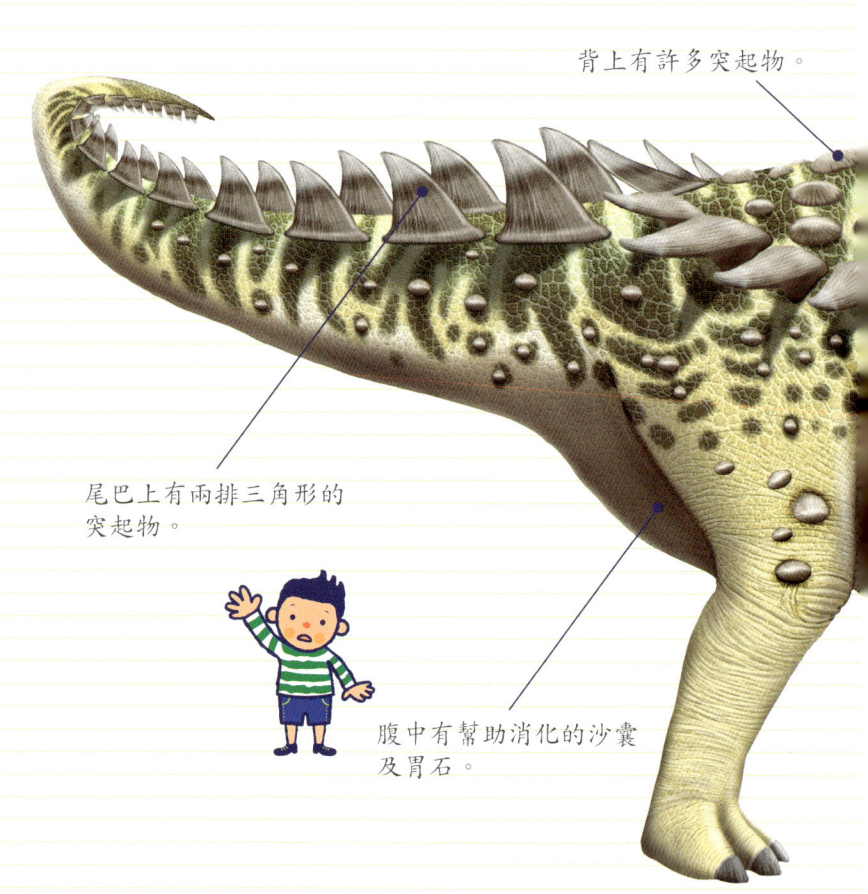

背上有許多突起物。

尾巴上有兩排三角形的突起物。

腹中有幫助消化的沙囊及胃石。

姓名	敏迷龍
學名原意	以化石發現地來命名

體型 1.5~2 t / 2 m

生存年代 白堊紀前期

三疊紀　侏羅紀　白堊紀

食性 草食性

如穿著堅硬鎧甲的身體

敏迷龍的身體由許多骨板所覆蓋，如穿著堅硬鎧甲，另外，尾巴上有兩排突起物，能抵擋肉食性恐龍的攻擊。

頭部較大，外型如烏龜殼。

嘴部如鳥喙。

草食性恐龍　165

Sauropelta
蜥ㄒㄧ 結ㄐㄧㄝˊ 龍ㄌㄨㄥˊ

　　身型龐大的蜥結龍，體背被突起的骨板所覆蓋，身體側邊也有尖銳的突起物。以白堊紀時首次出現的玫瑰、葡萄、木蘭等花類植物為食。

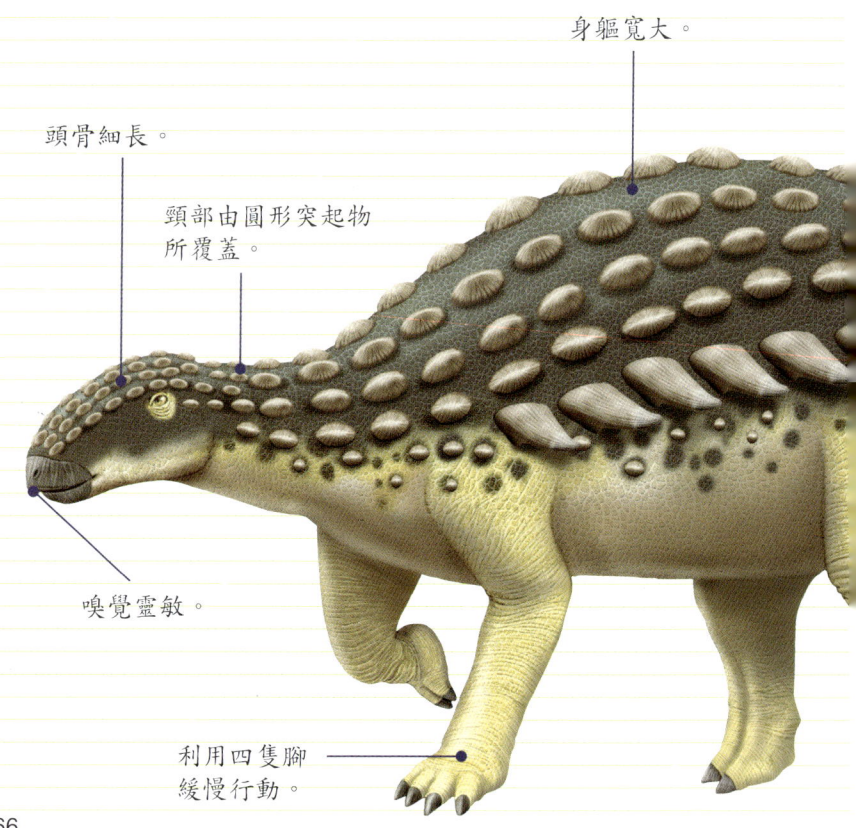

身軀寬大。

頭骨細長。

頸部由圓形突起物所覆蓋。

嗅覺靈敏。

利用四隻腳緩慢行動。

姓名	蜥結龍
學名原意	護盾蜥蜴

體型 1.5 t / 5 m

生存年代 白堊紀前期

三疊紀　侏羅紀　白堊紀

食性 草食性

突起的骨板

身體被突起的骨板所包裹，雖然行動速度較緩慢，但可以利用身上的鎧甲來抵擋攻擊。

尾巴長度超過身體一半以上。

尾巴肌肉堅硬，和肉食性恐龍打鬥時會揮舞尾巴。

身體側邊的尖銳突起物

蜥結龍的身體側邊有著如槍般尖銳的突起物。

草食性恐龍

Ankylosaurus
甲龍

甲龍類中體型最大的甲龍，名字的意思為「僵硬的蜥蜴」，頸部和體背都被鎧甲般的骨板所覆蓋。為了維持生命，牠們必須吃下大量的植物。

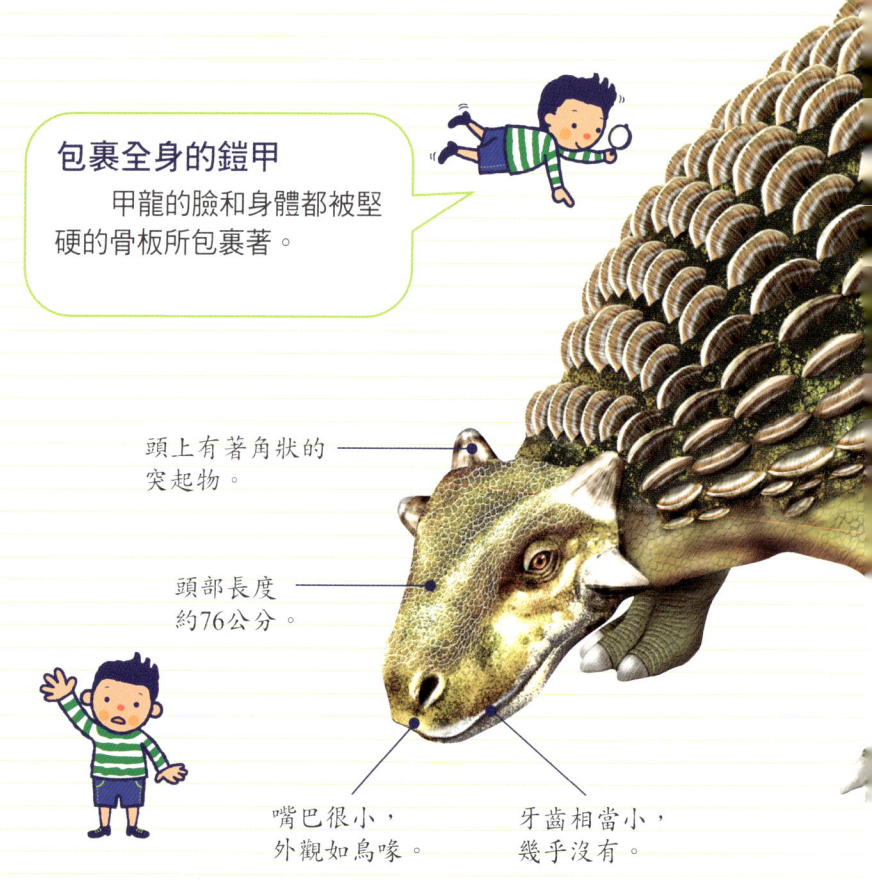

包裹全身的鎧甲
甲龍的臉和身體都被堅硬的骨板所包裹著。

頭上有著角狀的突起物。

頭部長度約76公分。

嘴巴很小，外觀如鳥喙。

牙齒相當小，幾乎沒有。

尾巴的錘狀骨頭結構

尾巴末端有著錘狀的骨頭，大小近似人類頭部。

尾巴肌肉結實、有力。

腿部粗硬、結實。

腳掌厚重。

姓名	甲龍
學名原意	僵硬的蜥蜴
體型	6 t　9 m

生存年代　白堊紀後期

三疊紀　侏羅紀　白堊紀

食性　草食性

草食性恐龍　169

恐・龍・放・大・鏡

甲龍

1 如穿戴厚重鎧甲般的身體

甲龍如坦克般，全身被堅硬的骨板包覆，但骨板間還是有柔軟的部分，因此身體能活動自如，若是遇到肉食性恐龍的攻擊，牠只要將身體稍微捲曲，讓柔軟的腹部貼近地面就能抵擋攻擊，肉食性恐龍捕食甲龍唯一的方法，就是先讓牠們翻面，再進行攻擊，但想要移動這重好幾噸的龐大身體，並不是一件容易的事。

2 尾巴上的錘狀骨頭

甲龍的尾巴末端，有一個大小如人頭的錘狀骨頭，由三四塊骨頭所組成，與尾巴末端的脊椎相互緊密連結，才得以支撐起來。因此當甲龍遇到肉食性恐龍攻擊時，可用力揮舞長尾巴上的錘狀骨頭，與牠們一較輸贏。

甲龍的尾巴

草食性恐龍如何保護自己？

草食性恐龍擁有一些能保護自己、免遭肉食性恐龍攻擊的方法，像是尖銳的指甲或角、錘狀骨頭都能發揮抵禦的功能，而沒有先天武器的恐龍們只能利用以下的方法來保護自己。

積極的進攻

劍龍尾巴上的尖銳突起物、三角龍的銳角、甲龍尾巴末端的錘狀骨頭、圓頂龍銳利的拇指指甲等，都可以作為與肉食性恐龍打鬥時的主要武器。

巨大體型的龍腳類

迷惑龍或腕龍這種大型龍腳類恐龍，由於身體過於巨大，很少有肉食性的恐龍會攻擊牠們。

堅固的裝飾及骨板

許多恐龍在受到攻擊時，會用頸部、突出的裝飾、或堅固的鎧甲來保護自己，三角龍有巨大裝飾圍繞著頸部；包頭龍連眼皮上也有鎧甲覆蓋。

三十六計走為上策

對小型的草食性恐龍來說，逃跑是最好的方法，雖然沒有可擊退敵人的利器，但是牠們有很好的視力及聽力，能夠快速察覺危險。有著大眼睛的似雞龍和奔龍只要一察覺到危險，便會用細長的後足快速逃離現場。

利用膚色偽裝

禽龍在樹叢裡覓食時若遇到危險，會立刻靜止不動，綠黃混色的皮膚在樹叢裡是最佳的偽裝。

群居生活

鴨嘴類恐龍的慈母龍及角龍類恐龍的隙龍，喜好群居生活，不僅保護自己也能保護幼龍的安全。

Euoplocephalus
包ㄅㄠ頭ㄊㄡˊ龍ㄌㄨㄥˊ

是甲龍類恐龍中最具代表性的包頭龍，發現於北美洲，全身被骨板所包覆，外表看似兇惡，其實個性十分溫和。

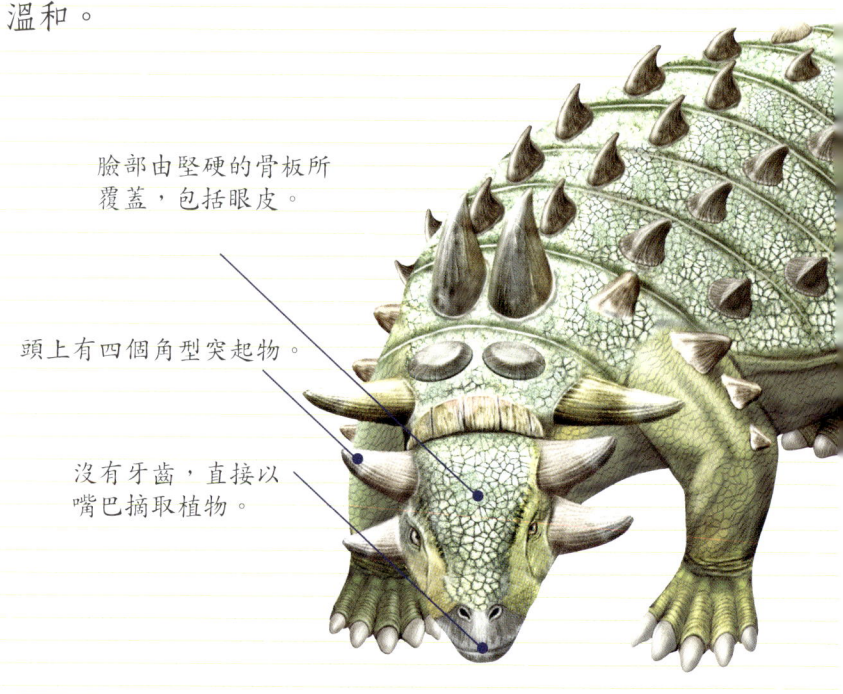

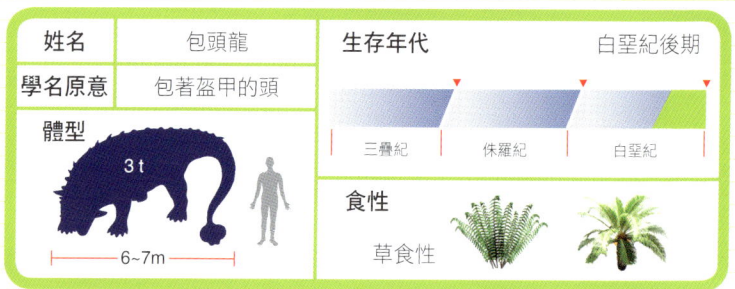

臉部由堅硬的骨板所覆蓋，包括眼皮。

頭上有四個角型突起物。

沒有牙齒，直接以嘴巴摘取植物。

姓名	包頭龍
學名原意	包著盔甲的頭
體型	3 t　6~7m

生存年代 白堊紀後期

三疊紀　侏羅紀　白堊紀

食性 草食性

體背上的大型突起物

骨板上有著尖銳的突起物，肩膀部位的突起物比較大，從背部中段到尾巴部分則較小。

體型十分龐大。

腿部較短。

尾巴末端的錘狀骨頭

尾巴末端有著重達 30 公斤以上的塊狀骨頭，由四個骨頭所構成，有力的肌肉能隨意控制尾巴，受到肉食性恐龍攻擊時，可揮舞錘狀骨頭抵擋反擊。

草食性恐龍　173

恐龍的化石

　　這些不存在於現代的恐龍們，我們為何能得知牠們的面貌？解決這個問題的關鍵在於化石。化石就是存留在岩石中的古生物的遺體或遺跡，古生物學家們藉由研究這些恐龍化石，歸納出恐龍的種類、生活習性等重要資訊。

1 各式各樣的化石

　　化石主要是指骨頭、牙齒、指甲、鱗片這類堅硬的部分，但也有發現蛋化石或排泄物化石。像這種具身體全部或某部分的化石，被稱為「體殼化石（body fossils）」。

　　另外，地面上的腳印、吃東西時遺留的牙齒痕跡、生蛋時的巢穴及其他痕跡，則被稱為「生痕化石（trace fossil）」。

　　世界各處都曾發現恐龍的化石，藉由研究化石，我們能還原恐龍的長相、生活習慣、生活時期等。不僅是化石，就連發現化石的岩石層、岩石的放射線同位元素、以及在附近發現的其他化石等，也都在研究範疇，經過統合整理之後，更能掌握該時期的資訊。

2 恐龍的化石是怎麼形成的？

欲形成化石，需與周遭環境條件配合才有可能。首先，死亡的恐龍若被肉食性恐龍吃光了肉，支撐的骨架便會漸漸腐爛，不到幾個禮拜的時間，就會完全消失不見。

假如恐龍死在沙上或泥土上，肌肉和柔軟的部分雖然會腐敗，堅硬的骨頭和牙齒卻能遺留下來。經過持續且漫長的沙土覆蓋，底下的地層會堅硬如岩石，透過反覆的累積歷程，骨頭就會像岩石一樣，形成堅硬的化石。

時間不停流逝，原本在底下的地層往上移動，恐龍的化石就能被後人發現了。

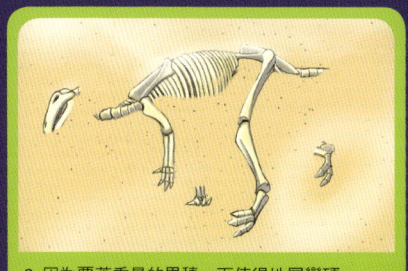

1. 死掉的恐龍被沙子或泥土覆蓋。

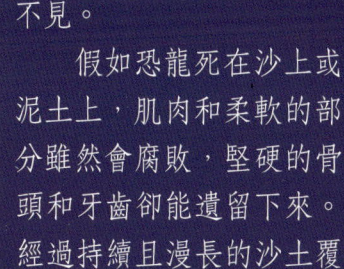

2. 因為覆蓋重量的累積，而使得地層變硬。

3. 地層向上移動，露出了化石。

擁有角的恐龍及親戚們

擁有角的角龍類恐龍，頭部後方有盾牌狀的裝飾，這項頭盾大到可以遮住頸部，而牠們的親戚——厚頭類恐龍的裝飾則更為多樣化。厚頭類恐龍雖然會以後足來行走，但平時和角龍類恐龍一樣，都是用四隻腳行動。

Psittacosaurus
鸚鵡嘴龍

嘴型彷彿鸚鵡喙嘴的鸚鵡嘴龍，雖然沒有特殊的角或是頭盾，但可說是擁有鳥喙嘴型的爺爺級恐龍。

利用後足行動，遇到危險時能快速奔跑。

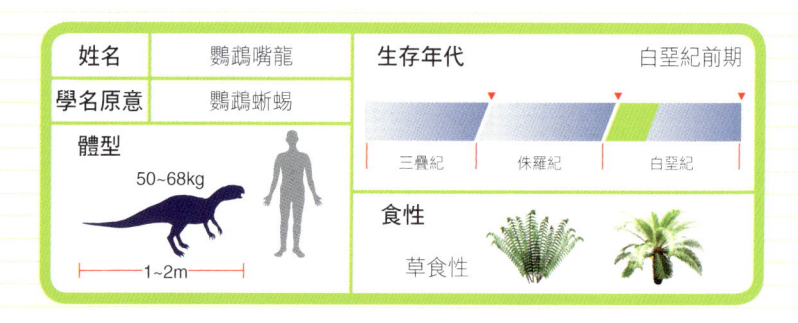

姓名	鸚鵡嘴龍
學名原意	鸚鵡蜥蜴
體型	50~68kg　1~2m

生存年代：白堊紀前期（三疊紀／侏羅紀／白堊紀）

食性：草食性

和鸚鵡相似的嘴型

牠有著和鸚鵡相似的喙嘴，沒有牙齒，主要以雜木、樹葉、果實等為食物，也會利用堅硬銳利的嘴巴來啄樹根或樹幹。

前肢比後足短小。

共有四個腳指。

前肢的長腳指

前肢的腳指細長，拇指和其他指頭分開，可自由抓取食物。

草食性恐龍

Leptoceratops
纖_{ㄒㄧㄢ}角_{ㄐㄧㄠˇ}龍_{ㄌㄨㄥˊ}

　　纖角龍雖然沒有角，但有著如鸚鵡般的喙嘴，以及頸部的特殊頭盾，纖角龍屬於最早擁有裝飾的恐龍之一，之後進化的恐龍們，頭盾更為多樣。

尾巴較短。

後足行動靈敏。

姓名	纖角龍
學名原意	有纖細角的面孔
體型	68~200kg　1.8m

生存年代　白堊紀後期

三疊紀　侏羅紀　白堊紀

食性
草食性

180

位於頸部的裝飾

纖角龍沒有角，取而代之的是頸部上方的堅硬頭盾。

以灌木、樹葉、果實等為食物。

利用四隻腳行動。

前肢共有五個腳指。

草食性恐龍　181

Monoclonius
獨ㄉㄨˊ角ㄐㄧㄠˇ龍ㄌㄨㄥˊ

　　獨角龍是擁有角類的恐龍裡面，第一個被發現的恐龍，主要的特徵在於鼻子上有一個長角，以樹葉或樹枝為食物。

尾巴長度短。

後足有力，
能快速奔跑。

利用四隻腳行動。

小又圓的頭盾

獨角龍的頭盾小又圓，有的種類上面還會有突起物；有的則沒有。

頭部範圍很大，從嘴部到頭盾的頭骨長度就有 1.8 公尺。

眼睛上方有突出的小角。

鼻子上方有長角。

和鸚鵡相似的嘴型

下顎較短，外觀如鳥喙，前端無牙齒，只在臉頰兩邊才有牙齒。

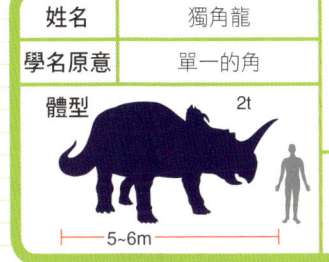

姓名	獨角龍
學名原意	單一的角
體型	2t ／ 5~6m

生存年代	白堊紀後期
	三疊紀　侏羅紀　白堊紀
食性	草食性

草食性恐龍　183

Montanoceratops
蒙大拿角龍

　　蒙大拿角龍體型較小，個性溫馴，喜歡群體生活，以雜木、樹葉、果實等為食物，雖然和原角龍很相像，但屬於比牠更進化的恐龍品種。

尾巴粗厚、柔軟。

姓名	蒙大拿角龍
學名原意	蒙大拿的角龍
體型	0.4 t　1.8~3m

生存年代　　　　　　　　白堊紀後期

三疊紀　侏羅紀　白堊紀

食性　草食性

有著盾牌形狀的
頭骨裝飾。

頭部龐大。

鼻子上方有著
小角。

形狀如鸚鵡喙嘴。

頸部上的毛

蒙大拿角龍頸部上有毛,或許是交配時所使用。

草食性恐龍　185

Microceratus
小角龍

在角類恐龍中，體型不大的小角龍，行動相當的敏捷。平時利用四隻腳行走，但遇到危急的狀況時，會立刻用後足跑離現場。

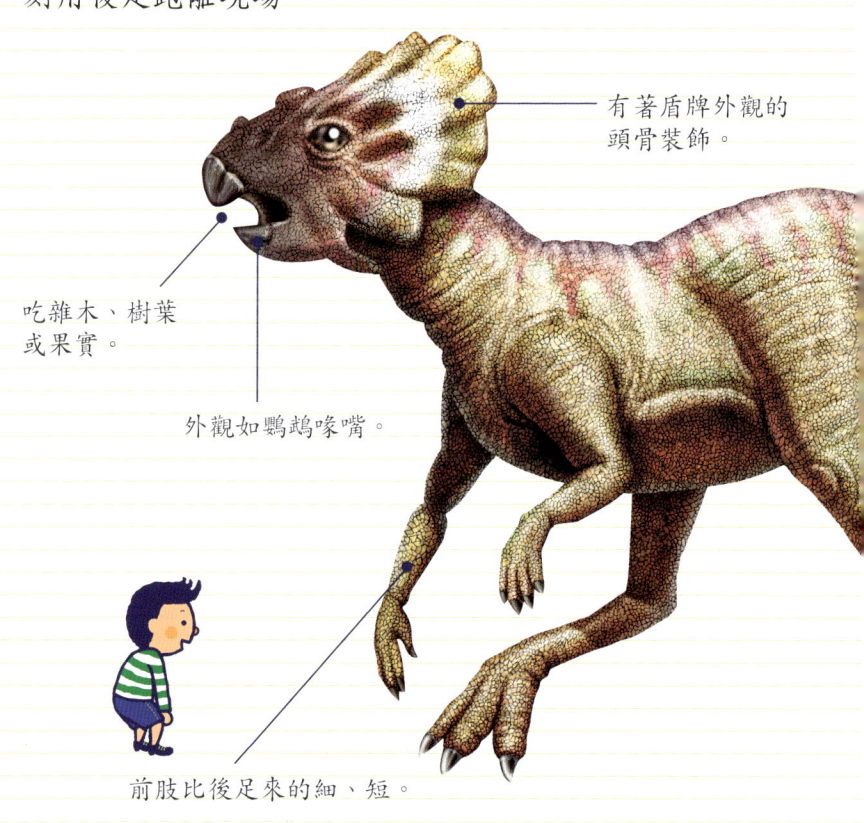

有著盾牌外觀的頭骨裝飾。

吃雜木、樹葉或果實。

外觀如鸚鵡喙嘴。

前肢比後足來的細、短。

體型最小的恐龍

小角龍和三角龍雖然是遠房親戚，但小角龍的體型卻如兔子般嬌小。

敏捷的好身手

小角龍體型雖小，但速度驚人，脛骨比大腿骨長兩倍以上，因此可以快速奔跑。

姓名	小角龍
學名原意	有小角的面孔
體型	1.8kg　60~80cm

生存年代：白堊紀前期

三疊紀　侏羅紀　白堊紀

食性：草食性

草食性恐龍

Centrosaurus
尖角龍

頭很大的尖角龍，頸部後方有盾牌形狀的頭骨裝飾，鼻子上還有一個尖又長的角，吃雜木、樹葉、果實等。

後足結實有力。

姓名	尖角龍
學名原意	尖角蜥蜴
體型	2.5t　5~6m

生存年代　白堊紀前期

三疊紀　侏羅紀　白堊紀

食性
草食性

被刺所環繞的頭盾

尖角龍的頭盾上，有一對如鉤子般的骨頭，另一對角則往前突出，頭骨旁邊還有鋸齒狀的突出物，外型相當特殊。

鼻子上突出的角約 47 公分。

頭部佔絕大比例

頭部長度大約 1 公尺左右，但頸部關節柔軟，即使頂著一個大頭，也能自由的活動。

短又寬闊的腳掌能分散重量、支撐身體。

草食性恐龍

Styracosaurus
刺ㄘˋ盾ㄉㄨㄣˋ角ㄐㄧㄠˇ龍ㄉㄨㄥˊ

頭盾上擁有最長、最多突出尖角的刺盾角龍，在鼻子上方也有一個大角。牠的化石被發現於加拿大以及美國，為三角龍的親戚。

比三角龍的體型小一些。

後足強壯有力，可快速奔跑。

姓名	刺盾角龍
學名原意	有尖刺的蜥蜴

體型: 2~3t, 5~6m

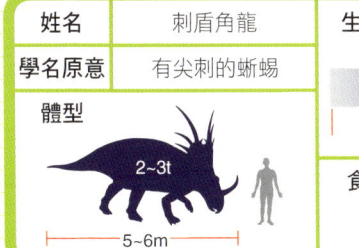

生存年代: 白堊紀後期（三疊紀、侏羅紀、白堊紀）

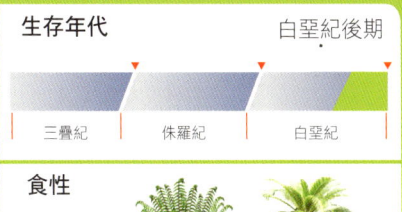

食性: 草食性

有尖銳長角的頭盾

　　頭盾上有著一對尖銳的長角，這些長角不僅可以讓自己的頭部看起來更大，也更能威嚇、逼退肉食性恐龍以及討母恐龍歡心。

鼻上也有一根長角。

嘴裡的牙齒相當鋒利，能將堅硬的植物咬碎、咀嚼。

草食性恐龍　191

Chasmosaurus
隙龍 ㄒㄧˋ ㄌㄨㄥˊ

在有角類恐龍中，頭盾最大的隙龍發現於北美洲。牠們個性溫馴，喜歡群體生活，平常行動緩慢，但遇到危難時會加速跑走。

身體肌肉堅硬。

後足有力，行動靈敏。

姓名	隙龍
學名原意	有空隙的蜥蜴

體型 3.5t 5~6m

生存年代 白堊紀前期

三疊紀 / 侏羅紀 / 白堊紀

食性 草食性

足以遮住頸部、肩膀的巨大頭盾

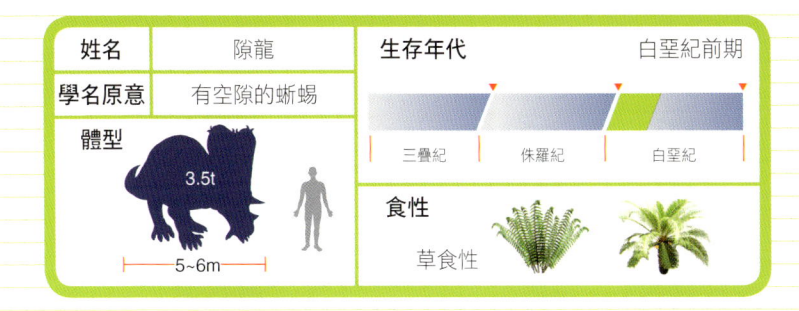

　　隙龍有著足以遮住頸部、肩膀的巨大頭盾，頭部約佔身體的1/3，頭盾外型如愛心，旁邊還有突起物。這頭盾不但能讓自己看起來變大，威脅肉食性恐龍，也能吸引母恐龍的注意哩！

鼻子上方有角。

草食性恐龍

Torosaurus
牛角龍

牛角龍發現於美國，是有角類恐龍中擁有最大角的恐龍，體重雖然不輕，但是有力的後腿能讓牠快速行動。個性溫馴、喜歡群居生活。

頭後方有著巨大的頭盾。

尾巴較短。

後腿結實、有力。

姓名	牛角龍
學名原意	公牛蜥蜴

體型 4~6t 6~8m

生存年代　白堊紀前期

三疊紀　侏羅紀　白堊紀

食性　草食性

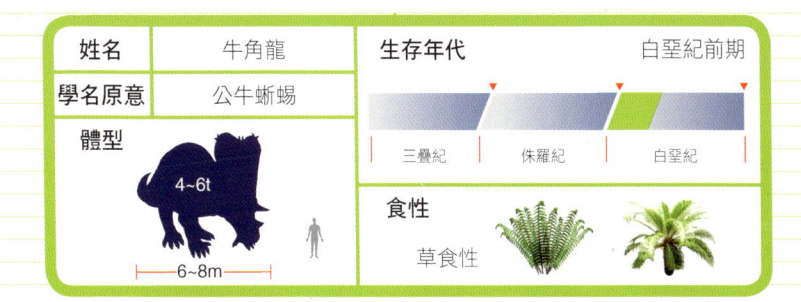

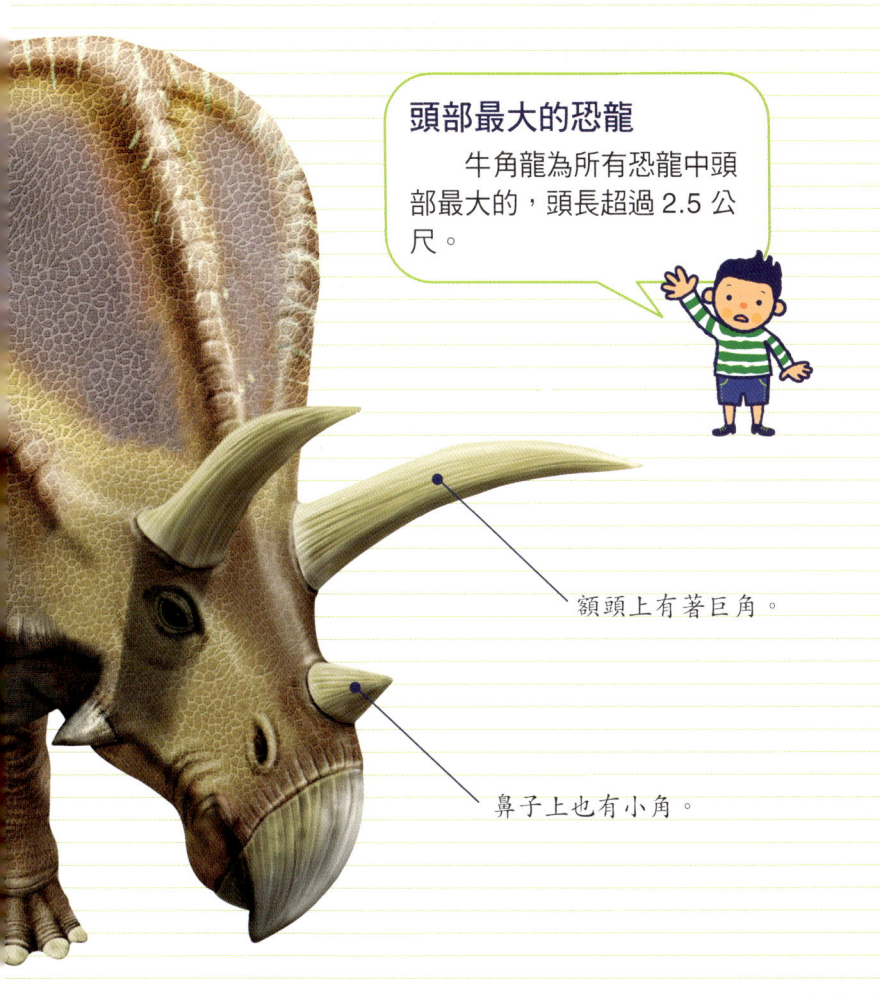

頭部最大的恐龍

牛角龍為所有恐龍中頭部最大的，頭長超過 2.5 公尺。

額頭上有著巨角。

鼻子上也有小角。

草食性恐龍　195

Triceratops
三角龍

　　在有角類恐龍中，知名度最高的就是三角龍了！牠也是白堊紀末期存活到最後的恐龍之一。平常個性相當溫和，但若被肉食性恐龍攻擊，則會用頭上的角予以反擊。

體型龐大且結實。

頭盾上有許多突起物。

姓名	三角龍
學名原意	有三個角的臉

體型: 6~12t，7~10m

生存年代: 白堊紀後期（三疊紀｜侏羅紀｜白堊紀）

食性: 草食性

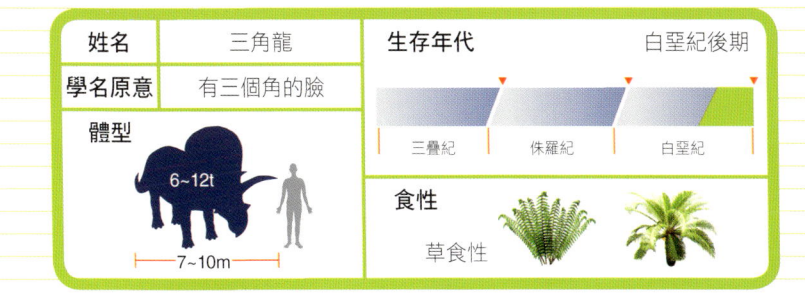

頭上有三個角

眼睛上方有一對 90 公分長的巨角、鼻子上方也有一個角，在受到肉食性恐龍攻擊時，這三根巨角可當作武器使用。另外，為獲得母恐龍芳心，和其他公三角龍較勁時，也能派上用場。

嗅覺靈敏。

雖然沒有牙齒，但是尖銳的鳥喙嘴巴可將堅硬的食物咬碎。

草食性恐龍

Pachyrhinosaurus
厚ㄏㄡˋ鼻ㄅㄧˊ龍ㄌㄨㄥˊ

被發現於北美的厚鼻龍和三角龍是親戚。臉上雖沒有角,但有著堅硬的突起物。個性溫和、喜歡群體生活。

尾巴較短。

後足有力,能快速奔跑。

198

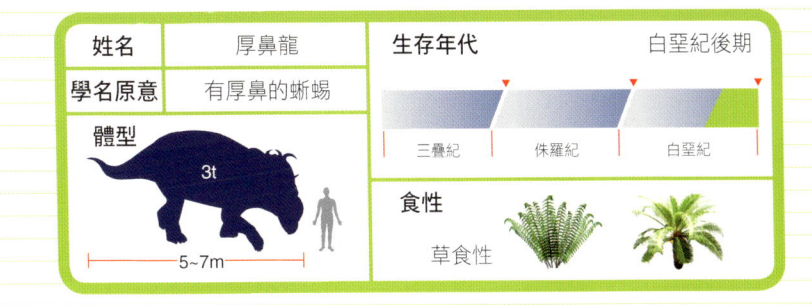

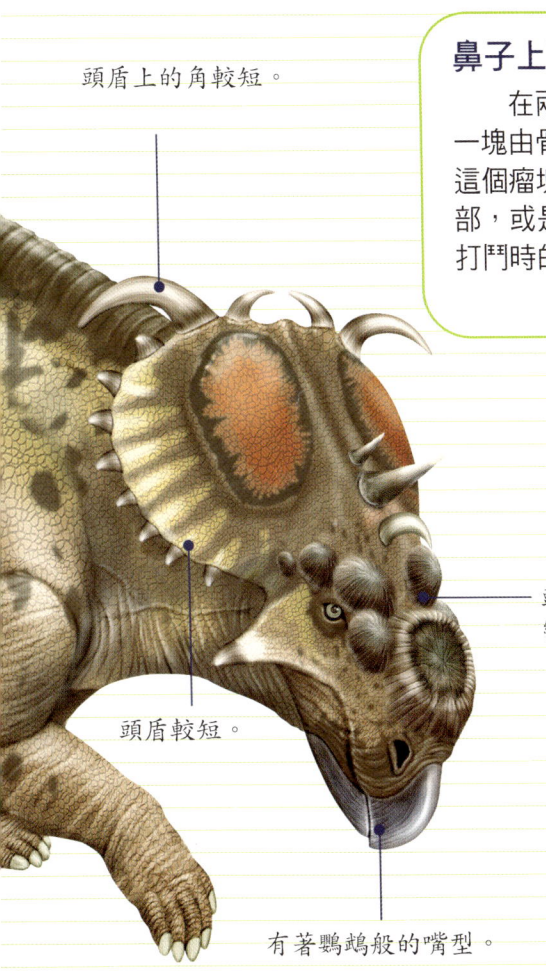

姓名	厚鼻龍
學名原意	有厚鼻的蜥蜴

體型：3t，5~7m

生存年代：白堊紀後期（三疊紀、侏羅紀、白堊紀）

食性：草食性

鼻子上面有厚瘤

在兩眼與鼻子的中間有一塊由骨頭所構成的厚瘤，這個瘤塊的作用在於保護頭部，或是搶奪母恐龍，也是打鬥時的有力武器。

頭盾上的角較短。

頭骨為四方形，到嘴部時變窄。

頭盾較短。

有著鸚鵡般的嘴型。

草食性恐龍　199

Pentaceratops
五ㄨˇ角ㄐㄧㄠˇ龍ㄌㄨㄥˊ

　　五角龍被發現於北美，以灌木、樹葉、果實為主要食物，個性溫和，但遇到肉食性恐龍攻擊時，會利用頭上的角來戰鬥。

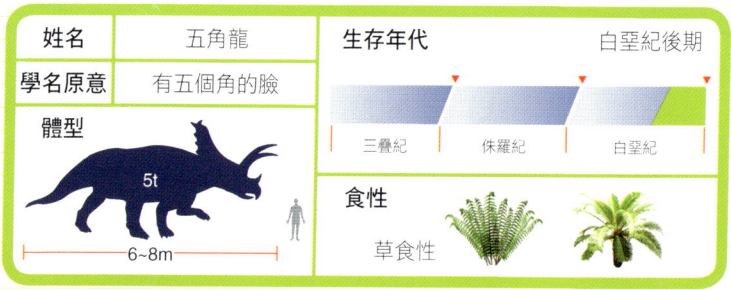

有著短尾巴。

後足有力，能快速奔跑。

姓名	五角龍
學名原意	有五個角的臉

體型 5t 6~8m

生存年代　　　　　　　白堊紀後期

三疊紀　侏羅紀　白堊紀

食性

草食性

200

有洞的頭盾

巨大的頭盾上有鋸齒狀的突起物，中間則有一個大洞，這個洞大大減輕頭盾的重量。

眼睛上方有一對往前延伸的長角，十分尖銳。

鼻子上有突起的小角。

雖然看起來像角，但它是顴骨。

有著鸚鵡般的嘴型，專門吃灌木、樹葉、果實等。

臉頰兩側突出的骨頭

臉頰兩側突出的骨頭為顴骨，看起來卻像角一樣，這也是五角龍被錯認為有五個角的原因，其實牠只有三個角：眼睛上方兩個、鼻子上一個，一共三個。

草食性恐龍

Protoceratops
原角龍

原角龍的頭上雖沒有角，但牠是所有的有角類恐龍的爺爺喔！牠和許多恐龍蛋與幼龍的化石一同在蒙古戈壁沙漠地區被人發現。

頭上有巨大的頭盾。

鼻子上有大瘤塊
原角龍的鼻子上有一個大瘤塊，用來和公恐龍打鬥並作為爭取母恐龍的武器。

外觀如鸚鵡喙嘴。

強而有力的下顎，能咬斷植物的莖。

頭骨為三角形。

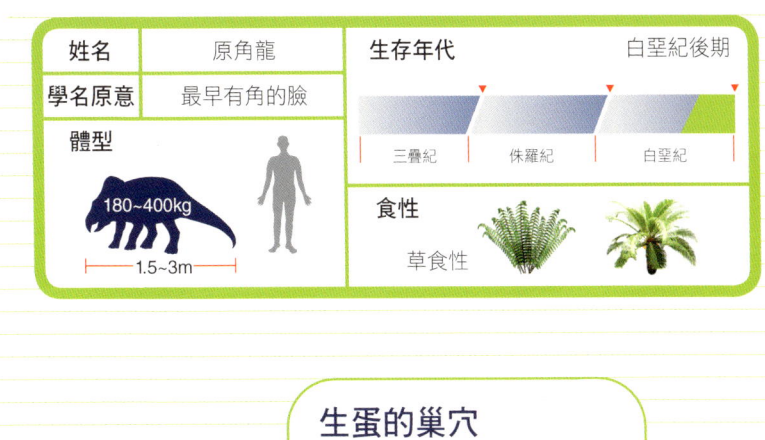

姓名	原角龍
學名原意	最早有角的臉

體型 180~400kg 1.5~3m

生存年代 白堊紀後期

三疊紀 | 侏羅紀 | 白堊紀

食性 草食性

生蛋的巢穴

牠會在沙漠中挖個淺槽,將蛋產在裡面。

後足強壯、有力。

利用四隻腳行動。

草食性恐龍 203

Stegoceras
劍ㄐㄧㄢˋ角ㄐㄧㄠˇ龍ㄉㄨㄥˊ

　　有著堅硬頭部的劍角龍，頭骨為圓型並往上突出，幼龍時期的頭骨會比較扁平，隨著成長，頭骨會漸漸變厚、往上突出。

利用尾巴來平衡身體重心。

後腿長且強壯有力。

利用後足行動，十分敏捷。

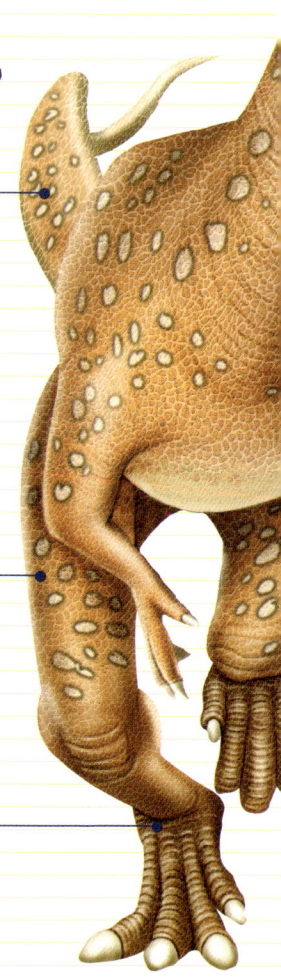

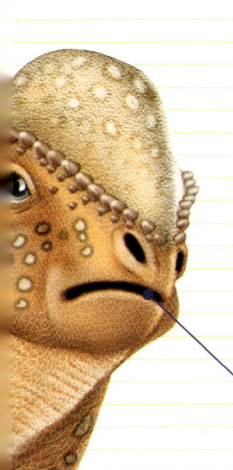

厚重、堅硬的頭骨

　　劍角龍的頭骨厚度約有 7~8 公分，公劍角龍的頭部比母劍角龍的更大、更厚，別小看這模樣滑稽的頭型，公恐龍們可是利用頭部互相較勁以獲取母恐龍歡心的喔！

小嘴巴。

前肢較短。

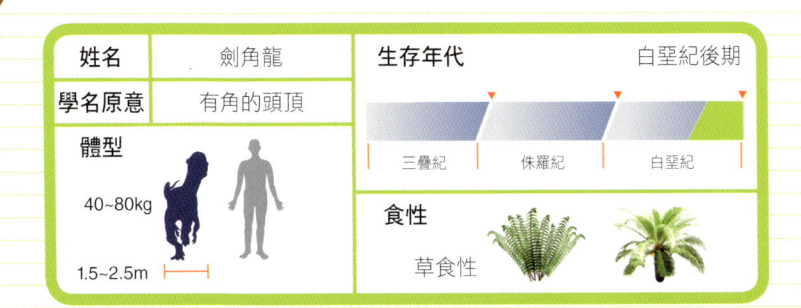

姓名	劍角龍
學名原意	有角的頭頂
體型	40~80kg　1.5~2.5m

生存年代：白堊紀後期

三疊紀　侏羅紀　白堊紀

食性：草食性

草食性恐龍

Pachycephalosaurus
厚ㄏㄡˋ頭ㄊㄡˊ龍ㄌㄨㄥˊ

厚頭龍為所有厚頭類恐龍中進化最多的恐龍，額頭突出，在堅硬的頭骨中，腦容量只有網球般大小。

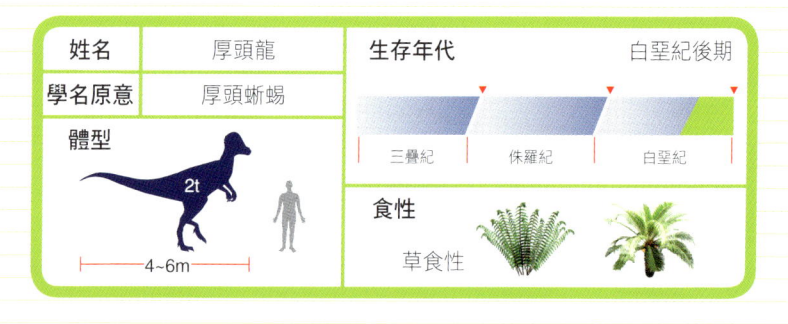

頭部後方及嘴邊的瘤塊

頭部後方及嘴邊有著瘤塊。

姓名	厚頭龍
學名原意	厚頭蜥蜴
體型	2t　4~6m

生存年代	白堊紀後期
	三疊紀　侏羅紀　白堊紀
食性	草食性

25 公分厚的頭骨

厚頭龍的頭骨厚度約有 25 公分，頭骨的厚度會隨著年紀增加而變厚。

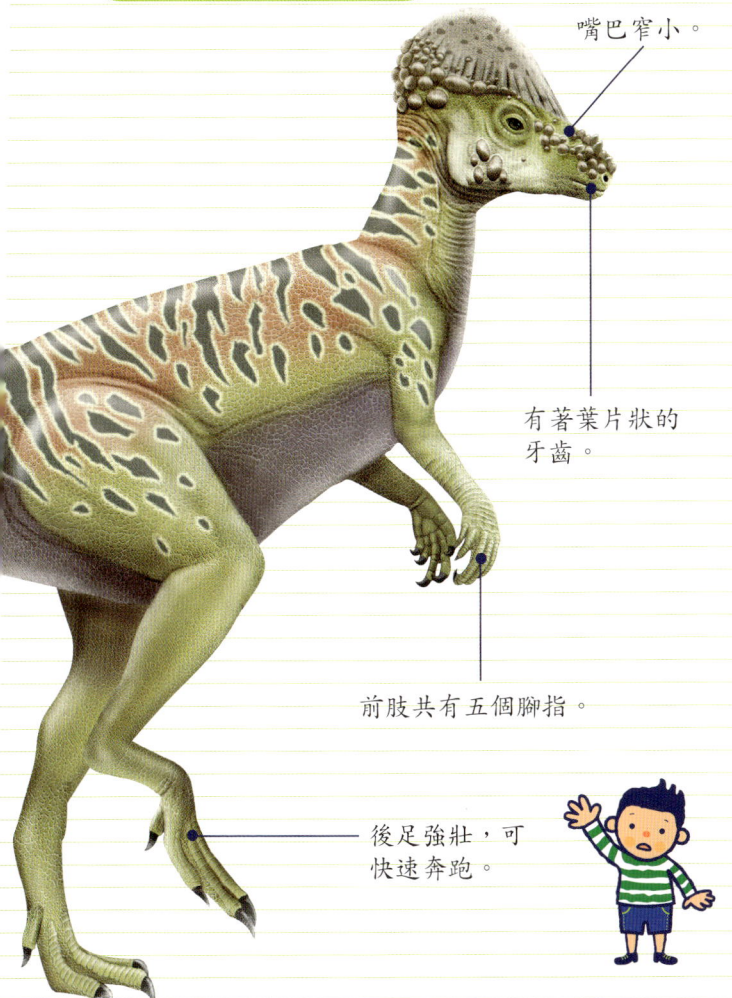

嘴巴窄小。

有著葉片狀的牙齒。

前肢共有五個腳指。

後足強壯，可快速奔跑。

草食性恐龍　207

恐・龍・放・大・鏡
厚頭龍

1 為什麼牠們喜歡用頭衝撞？

厚頭類的恐龍們，公恐龍的頭骨比母恐龍來的大且厚。繁殖期來臨時，為爭奪母恐龍而喜歡互相用頭衝撞。另外，為了對付群體中不守秩序的成員，或需要共同抵擋肉食性恐龍攻擊時，也會利用頭來衝撞。

2 用頭衝撞時，頭部不會受傷嗎？

厚頭龍的頭骨厚度有25公分厚，大腦只有網球般大小，被空氣囊還有堅硬頭骨保護的大腦，在衝撞時能降低傷害；另外，厚頭龍在利用頭部衝撞時，身體、背部、尾巴會連成一直線，這樣就能分散、吸收撞擊的力道。

互相用頭衝撞的厚頭龍。

喜歡群體生活的恐龍們

鴨嘴類恐龍或是有角類的草食性恐龍，為了遠離肉食性恐龍的威脅，保護自己也讓幼龍能棲息在良好的生存環境，經常會群體生活。

各種造型的頭冠及顏色

鴨嘴類恐龍有各式各樣的頭冠造型，可以按頭冠種類來相互辨認、幫忙。頭冠是在群體移動或者走失時，找尋同伴的最佳辨認方法。盔龍在交配的時候，頭冠的顏色會改變；龍櫛龍會將變色的鼻囊漲大。

鼻囊。

有著特殊鼻囊的龍櫛龍

用頭冠發出聲響來傳達意見

鴨嘴獸恐龍的副龍櫛龍有著長 2 公尺的頭冠，當遇到肉食性恐龍而產生危險時，會利用頭冠發出聲響來告知同伴，交配時也會利用頭冠發出聲音。

衝撞及角鬥比賽

有角的五角龍喜歡像鹿一樣互用頭頂上的角來較勁，總要爭個你死我活才肯罷休。

厚頭類的恐龍在交配時，也會為了爭取母恐龍的芳心，而互用頭部衝撞，好一決勝負。

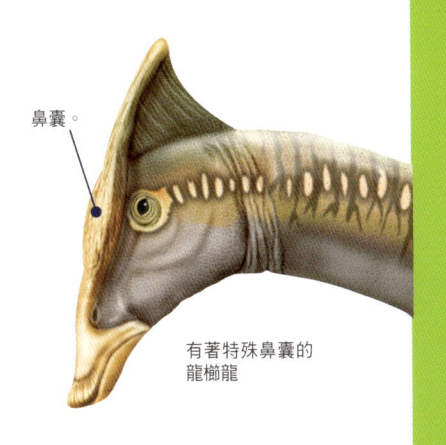

用頭盾及角來展示自己

刺盾角龍這類有角的恐龍，有著比自己頭骨還大的長頭盾，旁邊多出來的長刺能讓自己看起來體積更大，有威嚇敵人的作用。

草食性恐龍

Prenocephale
傾ㄑㄧㄥ頭ㄊㄡˊ龍ㄌㄨㄥˊ

被發現於蒙古戈壁沙漠的傾頭龍化石，頭骨裡的神經和血管清楚可見，保存得相當完整，個性溫和，喜歡群體生活。

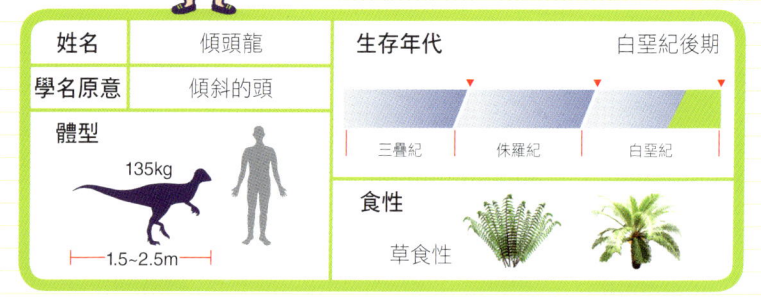

利用長尾巴來平衡身體。

姓名	傾頭龍
學名原意	傾斜的頭
體型	135kg　1.5~2.5m

生存年代：白堊紀後期

三疊紀　侏羅紀　白堊紀

食性：草食性

頭後方的小型瘤塊

傾頭龍的頭骨相當堅硬、厚實，在堅硬的頭部後方，有一些小型瘤塊。

額頭突出。

前面牙齒細長。

利用後足行動，可快速奔走。

草食性恐龍　211

化石的發掘到展示

　　博物館中，陳列著龐大的恐龍化石展示品，這可不是一天就能完成的。從發現化石開始、化石的處理、復原、到最後的展示，都是經過許多專業人員長時間的付出，才能呈現如此傲人的成果。

1 發掘化石

　　若發現化石，必須要利用刷子、鐵鎚、鑽孔機、火藥等物品，小心地將化石周圍的岩石移除，仔細標示出骨頭們的位置，可作為之後化石組合的參考，將化石上的岩石大略清理後，用有石膏的紙或布包起來，再送往實驗室。

2 處理化石

　　化石抵達實驗室後，先將石膏去除，再把沒有骨頭的岩石部分，利用切割鑽石的切割器切掉，靠近骨頭的部分則用針或牙科專用器具，小心的將岩石磨掉，並視情況運用可壓縮空氣的空氣破碎機，或是將已露出骨頭的化石塗上保護劑並放入弱酸性的溶液裡。像梁龍有超過90塊脊椎骨，處理這類巨型恐龍的化石，很有可能得花上好幾年的時間。

3 恐龍的復原

完整分離出來的骨頭，先利用固化劑使它堅硬後，再以黏着劑相互拼湊，骨架不完整之處就用石膏來填滿，完全不見的部分則研究是否有相似的動物骨頭來補足。在過程中，要詳細記載、繪製每塊骨頭的類別、主要特徵。進行骨頭重組時，以具代表性的頭骨、牙齒最為重要。

4 分類與記錄

骨頭比對的作業結束後，接下來要依照各恐龍的異同之處來進行分類，根據公式規則將骨頭區分出來，並詳加記錄，這階段的研究功夫是最漫長且耗費心力的。

5 恐龍的展示

展示於眾的恐龍化石，都是模型樣品。先利用黏土將骨頭的框架製作出來後，再灌入含玻璃纖維的物質，打造出如化石原型般幾可亂真的樣品，之後再利用鐵骨及其他物品將它重新組合。

永川龍的展示模型。

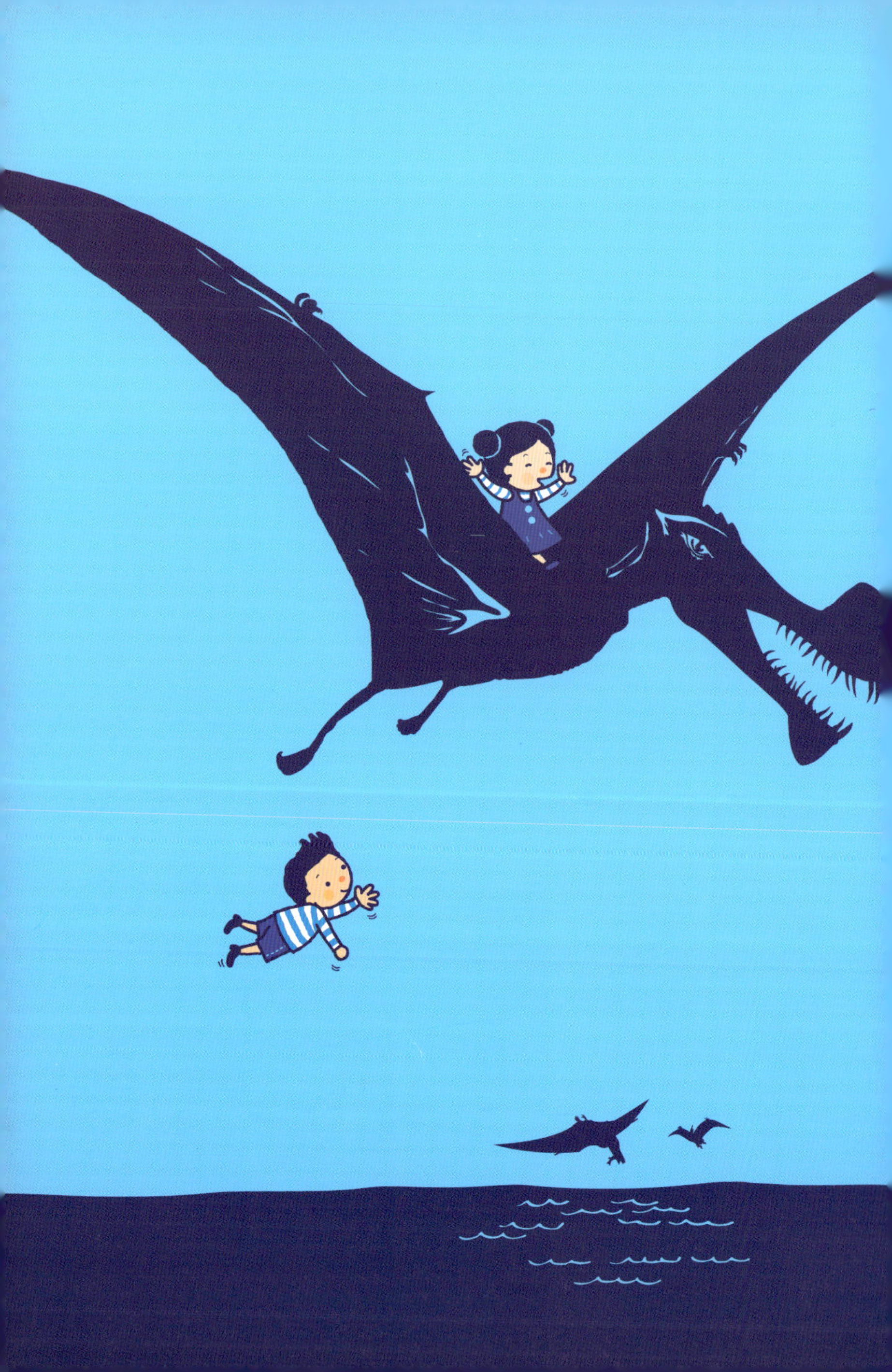

飛翔在天空中的爬蟲類

最早飛翔在天空中的脊椎動物——翼龍

Eudimorphodon
真(ㄓㄣ)雙(ㄕㄨㄤ)型(ㄒㄧㄥˊ)齒(ㄔˇ)翼(ㄧˋ)龍(ㄌㄨㄥˊ)

屬於早期翼龍中的一種，發現於義大利。頭部雖然大，但身體輕巧，會在水面上低空飛行，用大眼睛尋找食物，尖銳的指甲利於抓取滑溜的魚類。

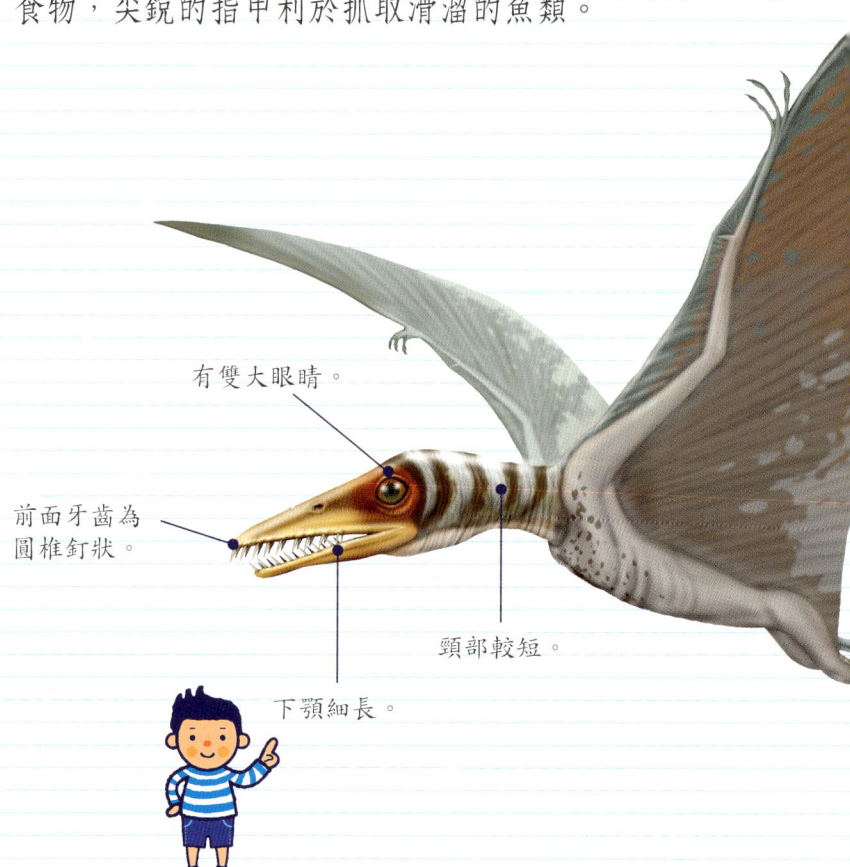

有雙大眼睛。

前面牙齒為圓椎釘狀。

頸部較短。

下顎細長。

利用細長的第四根指頭支撐著翅膀。

尾巴末端的翅膀

尾巴末端有個圓禿的菱形尾翼，有助於飛翔時能順利改變方向。

尾巴細長。

姓名	真雙型齒翼龍
學名原意	擁有兩種不同的牙齒
體型	5kg　張開翅膀寬度為1～2公尺

生存年代　　　　　　　　三疊紀後期

三疊紀　　侏儸紀　　白堊紀

食性

肉食性

飛翔在天空中的爬蟲類　217

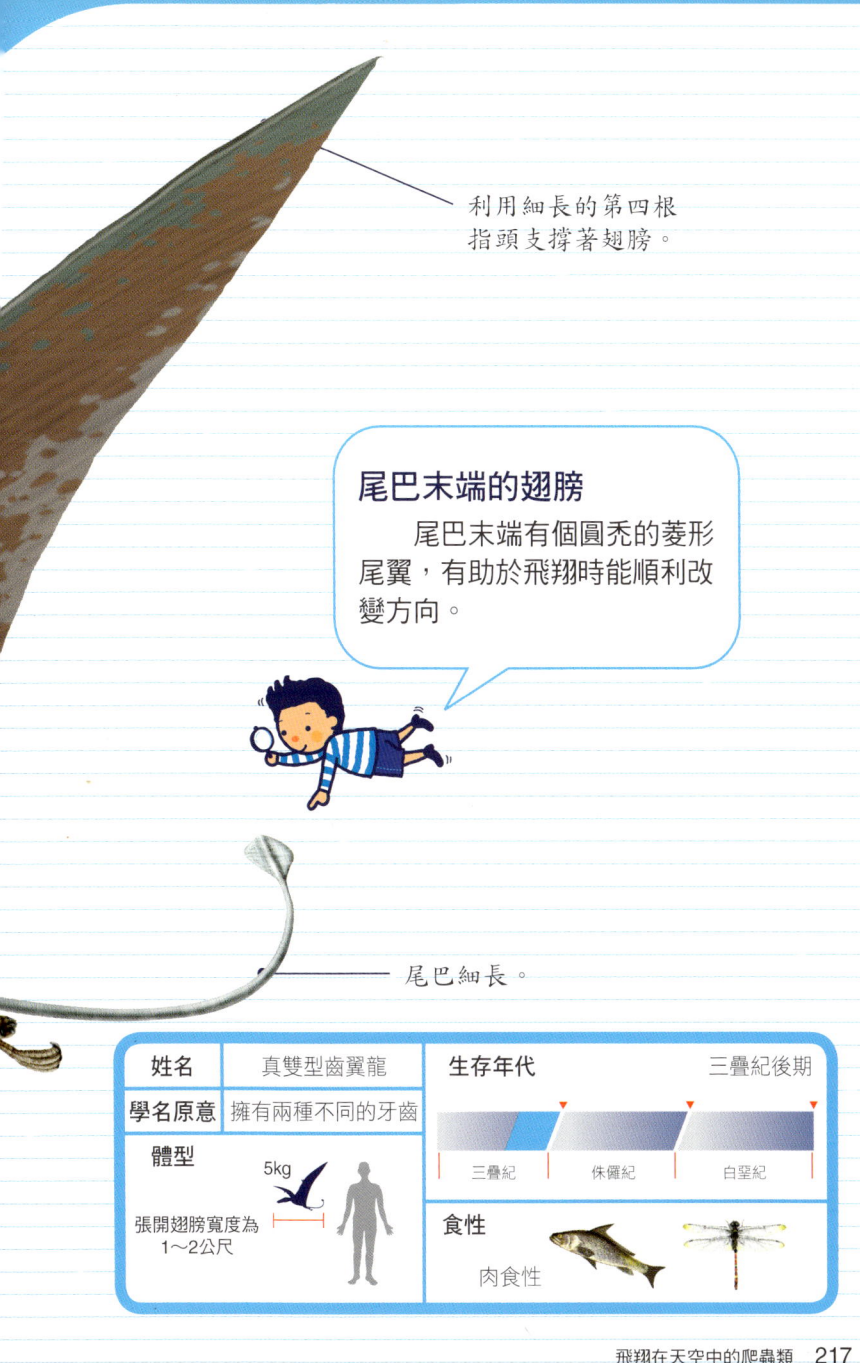

Dimorphodon
雙ㄕㄨㄤ型ㄒㄧㄥˊ齒ㄔˇ翼ㄧˋ龍ㄌㄨㄥˊ

有著巨大頭部的雙型齒翼龍，和「海鸚」此種海鳥的喙嘴相似，下顎寬又深。生活在海邊，喜好用尖嘴巴來抓取魚類及昆蟲。

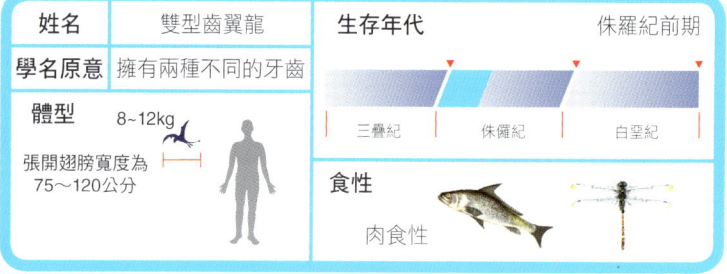

有著短頸。

眼睛又大又明亮。

姓名	雙型齒翼龍
學名原意	擁有兩種不同的牙齒
體型	8~12kg　張開翅膀寬度為 75～120公分

生存年代　　　　　　　　　侏羅紀前期

三疊紀　｜　侏儸紀　｜　白堊紀

食性

肉食性

218

兩種類型的牙齒

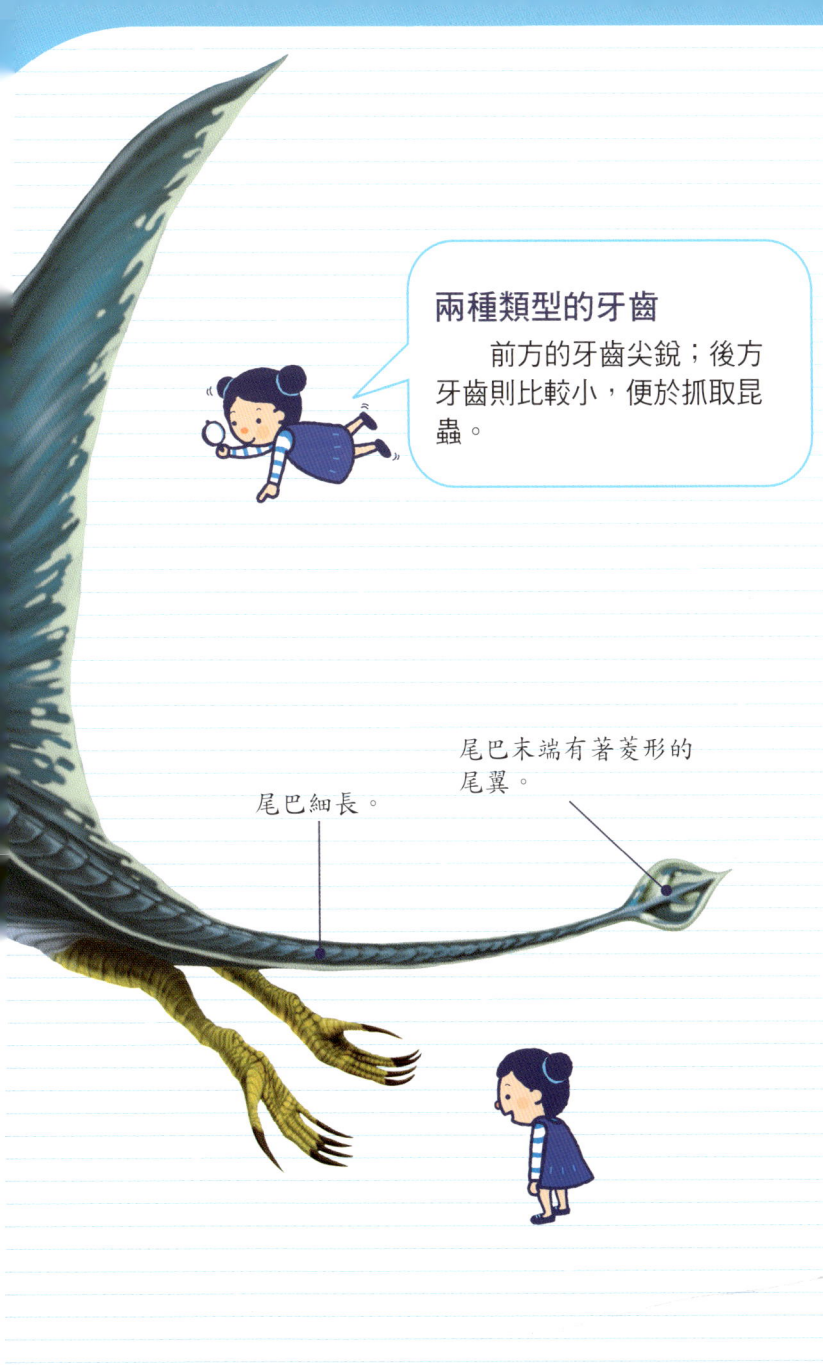

前方的牙齒尖銳；後方牙齒則比較小，便於抓取昆蟲。

尾巴末端有著菱形的尾翼。

尾巴細長。

飛翔在天空中的爬蟲類　219

Rhamphorhynchus
喙ㄏㄨㄟˋ嘴ㄗㄨㄟˇ翼ㄧˋ龍ㄌㄨㄥˊ

在德國的石灰岩層中，發現許多喙嘴翼龍的化石，牠有著利於抓取魚類的尖銳牙齒，主要生活在海邊或峭壁上，獨自築巢、照顧幼龍。

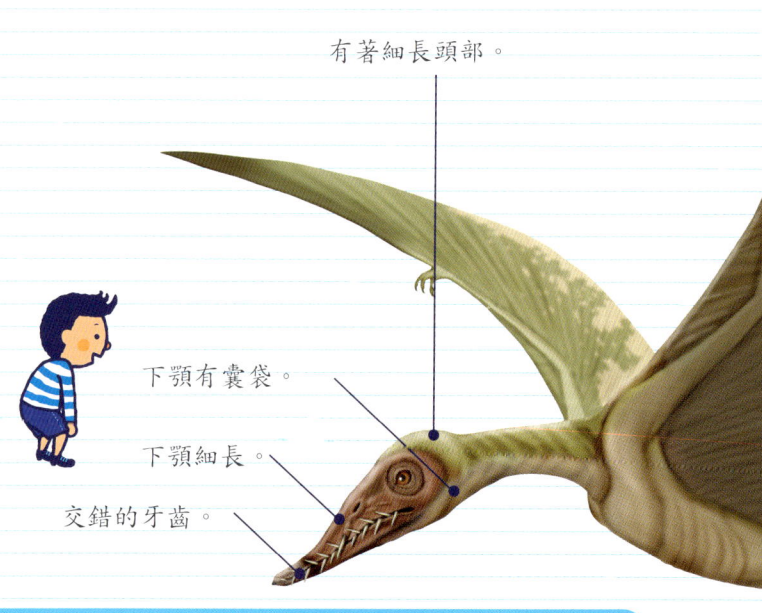

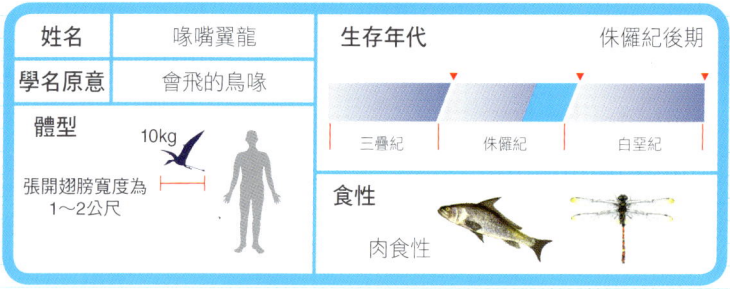

有著細長頭部。

下顎有囊袋。

下顎細長。

交錯的牙齒。

姓名	喙嘴翼龍
學名原意	會飛的鳥喙
體型	10kg　張開翅膀寬度為1～2公尺

生存年代　侏儸紀後期

三疊紀　侏儸紀　白堊紀

食性　肉食性

翅膀尾端相當尖銳。

翅膀相當輕薄，與皮膚縝密交錯。

尾巴末端的翅膀

尾巴最末端有著菱形的尾翼。

尾巴相當長。

飛翔在天空中的爬蟲類　221

恐・龍・放・大・鏡

喙嘴翼龍

1 交錯的牙齒及下顎的囊袋

有細長下顎的喙嘴翼龍，牙齒和針一樣互相交錯，最適合用來捕捉魚類；另外，牠們的下顎如鵜鶘一般擁有囊袋，會低空飛行於水面，利用囊袋來捕魚；在飛往他處之前，捕獲的魚類都會先儲存在下顎囊袋中。

正在捕捉魚類的喙嘴翼龍。

2 為什麼要有長尾巴？

喙嘴翼龍善於利用牙齒，因此下顎的肌肉非常發達，而結實的下顎會加重頭部的份量，為了讓身體平衡，則需利用長尾巴來取得身體重心。

3 中空的骨頭及尾巴末端的尾翼

體型不大的喙嘴翼龍，和現今的鳥類一樣是中空骨頭，能減少身體重量。尾巴末端的尾翼能讓牠在天空飛行時，自由的變換方向。

飛翔在天空中的爬蟲類——翼龍

翼龍如同一般恐龍，出現於三疊紀後期，到白堊紀後期便消失了。翼龍有著「有翅膀的蜥蜴」之意，為地球上最早可飛行的脊椎動物。翼龍的種類到目前為止約有120種，有的以魚類、昆蟲為食；有的則以果實為食物。

翼龍的種類

翼龍主要分為喙嘴翼龍類及異手龍類，主要生存在三疊紀和侏羅紀時期的嘴口龍類，體型略小、頸部較短、長尾巴末端有著菱形的尾翼；而生存在白堊紀的異手龍類則體型較大、頸部較長、尾巴偏短。

和翅膀連為一體的前肢

前肢的四隻指頭中，前三隻在爬樹或挖地時派上用場，第四隻指頭十分細長並與腋下的翅膀連結，具有支撐翅膀的作用。

與蝙蝠相近的翅膀

翼龍的翅膀和蝙蝠一樣，由皮膚膜所組成，十分薄透，也很容易受傷，一旦受了傷，就沒辦法飛行。

中空的骨頭

翼龍和現在的鳥類一樣，為中空的骨頭構造，骨頭中有許多細長空隙，因此相當輕巧，可遨翔在空中。

後足共有五隻指頭

後足的五隻指頭中，有四隻指頭細長、有指甲，第五隻指頭則短小、無指甲。

利用風力飛行

大型翼龍不像鳥類利用翅膀拍動飛行，而像滑翔翼一樣，借助風力乘風而飛。

如滑翔翼般飛行的翼手龍。

Scaphognathus
掘ㄐㄩㄝˊ頜ㄏㄢˊ龍ㄌㄨㄥˊ

被發現於歐洲的掘頜龍，嘴巴較短，上下排皆有銳利的牙齒，主要以魚類或昆蟲為食物。

牙齒十分尖銳。

姓名	掘頜龍
學名原意	獨木舟外型的下顎

體型 30kg
張開翅膀寬度為1公尺

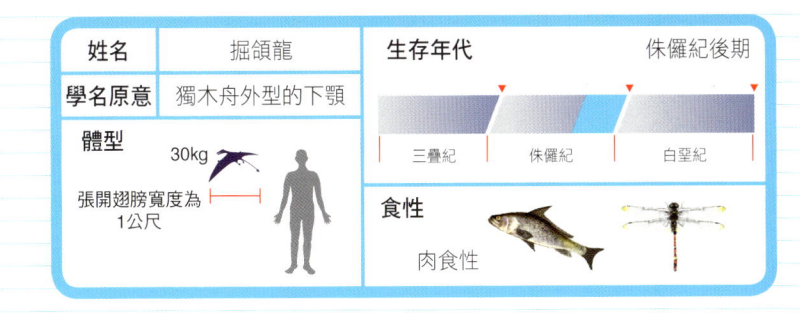

生存年代 侏儸紀後期

| 三疊紀 | 侏儸紀 | 白堊紀 |

食性 肉食性

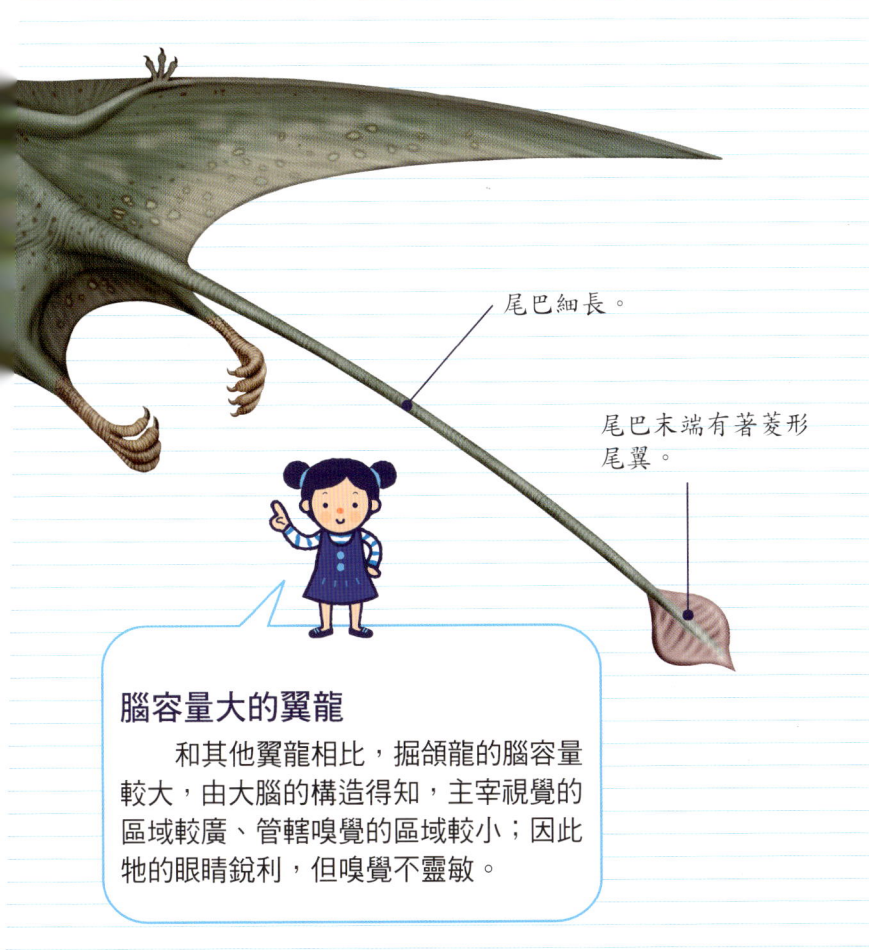

尾巴細長。

尾巴末端有著菱形尾翼。

腦容量大的翼龍

　　和其他翼龍相比，掘頜龍的腦容量較大，由大腦的構造得知，主宰視覺的區域較廣、管轄嗅覺的區域較小；因此牠的眼睛銳利，但嗅覺不靈敏。

飛翔在天空中的爬蟲類

Pterodactylus
翼ㄧˋ手ㄕㄡˇ龍ㄌㄨㄥˊ

　　被發現於非洲、歐洲的翼手龍，體型相當多樣。嘴中的鋒利牙齒緊密排列，捕捉魚類十分便利，為化石種類最多的翼龍。

向外延伸的第四隻長手指，支撐著翅膀。

有著長脖子。

嘴巴十分細長。

體型多變化

可以從小如鴿子的身體尺寸，展翼化作寬長超過2公尺的巨龍。

翅膀由許多纖薄皮膚膜所組成。

姓名	翼手龍
學名原意	有翼的手指
體型	0.5~5kg 張開翅膀寬度為 17～240公分

生存年代 侏儸紀後期

三疊紀　侏儸紀　白堊紀

食性 肉食性

飛翔在天空中的爬蟲類

Ornithocheirus
鳥ㄋㄧㄠˇ掌ㄓㄤˇ翼ㄧˋ龍ㄌㄨㄥˊ

體積相當龐大的鳥掌翼龍，用四隻腳站立的話，高度約有 3 公尺，頭部長度則佔了身體一半以上，喜歡在天空飛行時快速的俯衝水面，捕捉魚類。

細長的第四根指頭，支撐著翅膀。

嘴巴大又長。

若是經過長時間的飛行，在飛行結束後，牠會避開陽光，讓巨大的翅膀進行散熱。

在世界各地都曾發現鳥掌翼龍的化石

鳥掌翼龍除了在歐洲被發現之外，在世界各地都有牠的化石蹤跡，看來牠經常到處移動，長時間旅行。

姓名	鳥掌翼龍
學名原意	鳥類手掌
體型	100kg　張開翅膀寬度為 10～20公尺

生存年代 白堊紀前期

三疊紀　侏儸紀　白堊紀

食性 肉食性

飛翔在天空中的爬蟲類　229

Dsungaripterus
準噶爾翼龍

在 1964 年被發現於中國的準噶爾翼龍，長形頭部上戴著頭冠，脖子長而彎曲，翅膀頗大且堅固，尾巴很短，能遠距離飛行。

中空的骨頭構造，使身體輕巧。

姓名	準噶爾翼龍
學名原意	準噶爾的翅膀

體型：10kg，張開翅膀寬度為3公尺

生存年代：白堊紀前期

三疊紀 | 侏儸紀 | 白堊紀

食性：肉食性

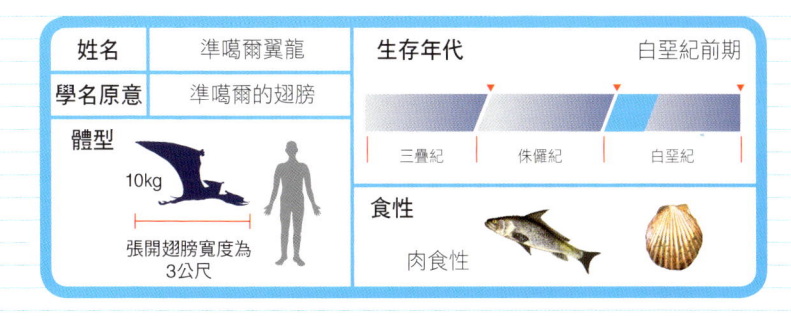

尖銳且微翹的細長下顎

準噶爾翼龍的嘴巴前端像鉗子般的尖銳，除了前端沒有牙齒以外，口腔後部有圓椎狀的牙齒，牠們擅於利用這特殊的下顎及牙齒來撬開貝殼。

有著銳利的指甲。

特殊的頭冠

頭頂上約有 50 公分長的頭冠，從上顎後半部一直連接到頭部後方。

頸部細長。

善於獵食魚類及貝殼。

飛翔在天空中的爬蟲類

Tropeognathus
脊ㄐㄧˊ頜ㄏㄢˊ翼ㄧˋ龍ㄌㄨㄥˊ

　　翅膀相當巨大的脊頜翼龍，名字有「擁有龍骨般的下顎」之意，為白堊紀時期相當興盛的翼龍種類，喜歡住在海邊的峭壁上，體積雖然龐大，體重卻十分輕巧。

喙部前端有突起的冠飾
　　嘴巴前端上下都有著突起的小冠，這應是在水中抓魚時，可作為辨識方向之用。

嘴巴裡滿是尖銳的牙齒。

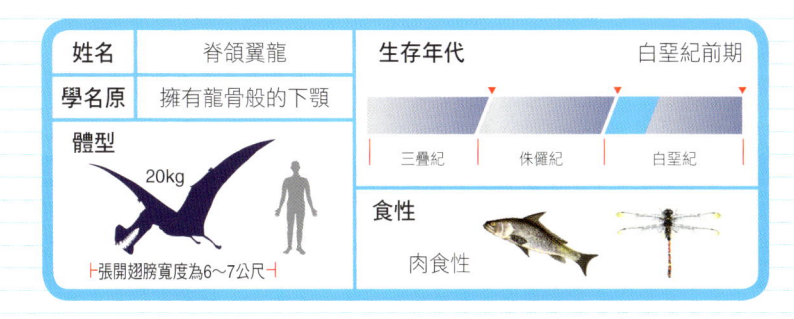

姓名	脊頜翼龍
學名原	擁有龍骨般的下顎

體型 20kg
張開翅膀寬度為6～7公尺

生存年代 白堊紀前期

三疊紀 | 侏儸紀 | 白堊紀

食性
肉食性

巨型翅膀

脊頜翼龍的翅膀十分的巨大,在天空中飛行時不像鳥類會拍動翅膀,而是如滑翔翼一般,借助風向而飛。

細長後足可用來平衡飛行重心。

飛翔在天空中的爬蟲類

Pteranodon
翼ㄧˋ龍ㄌㄨㄥˊ

翼龍像滑翔翼一樣,乘風而飛,主要生活在海邊的峭壁上,有時會飛到離陸地 100 公里之遠的海域捕捉魚類,利用長嘴巴靠近水面抓魚。

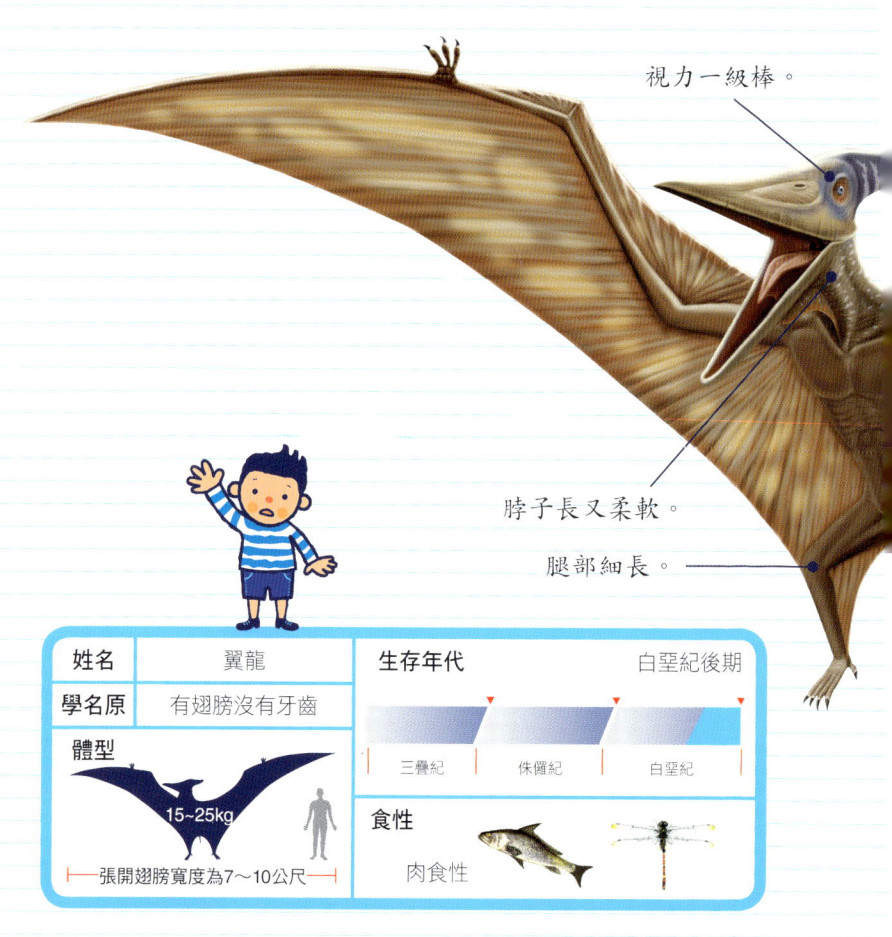

視力一級棒。

脖子長又柔軟。

腿部細長。

姓名	翼龍
學名原	有翅膀沒有牙齒
體型	15~25kg 張開翅膀寬度為7～10公尺

生存年代：白堊紀後期

三疊紀　侏儸紀　白堊紀

食性：肉食性

頭部後方有突出的頭冠

翼龍頭部後方有著突出的細長頭冠，頭冠的長度佔了頭部一半以上，可以讓翼龍在天空飛行時平衡身體、辨識方向，公翼龍的頭冠比母翼龍的大。

翅膀大又寬。

體型大但體重相當輕。

嘴巴裡沒有牙齒

由於翼龍沒有牙齒，因此不需要強壯的下顎肌肉，頭部的重量便減輕許多。雖然沒有牙齒，但尖銳的嘴巴同樣能捕捉魚類，細長的下顎也有著如鵜鶘般可裝魚類的囊袋。

飛翔在天空中的爬蟲類

Quetzalcoatlus
風神翼龍

在所有的翼龍當中，體積最大的就屬風神翼龍了。牠擁有細長的雙腳和長長的鳥喙，所以能在水池或沼澤裡邊走邊捕捉魚類。由於身上有毫毛，可保持體溫。沒有牙齒的翼龍，下顎肌肉不發達，所以頭部重量較輕。

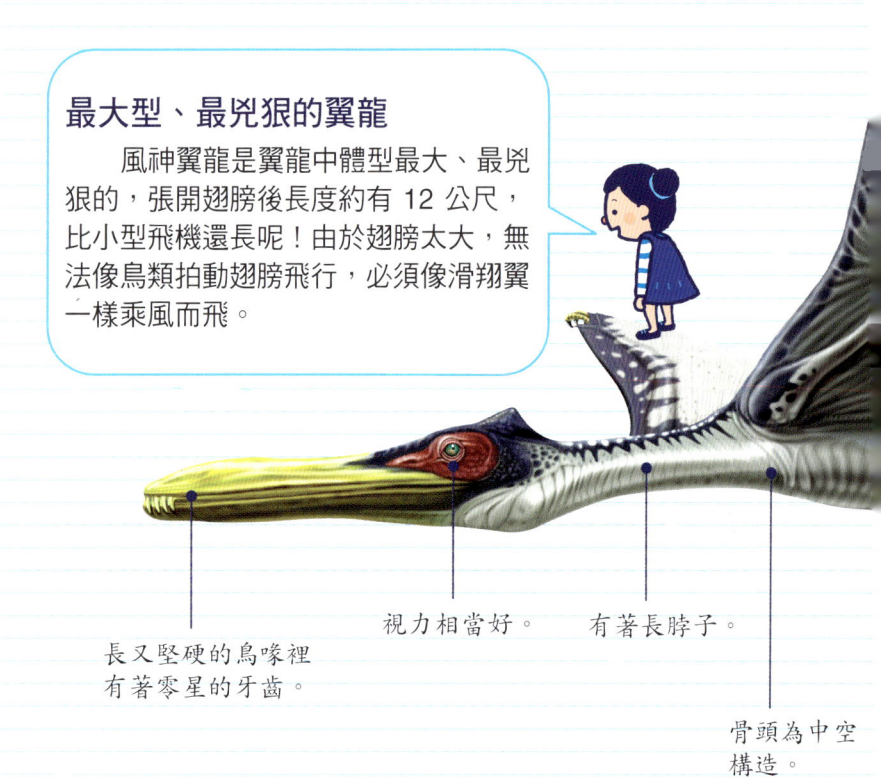

最大型、最兇狠的翼龍

風神翼龍是翼龍中體型最大、最兇狠的，張開翅膀後長度約有 12 公尺，比小型飛機還長呢！由於翅膀太大，無法像鳥類拍動翅膀飛行，必須像滑翔翼一樣乘風而飛。

長又堅硬的鳥喙裡有著零星的牙齒。

視力相當好。

有著長脖子。

骨頭為中空構造。

擁有尖銳的指甲。

翅膀相當薄。

短短的尾巴。

腳踝和腳指之間的骨頭相當長。

姓名	風神翼龍
學名原意	擁有翅膀的巨蛇
體型	135kg　張開翅膀寬度為12公尺

生存年代　白堊紀後期

三疊紀　侏儸紀　白堊紀

食性

肉食性

飛翔在天空中的爬蟲類　237

恐龍滅種後，剩下的動物們

6千5百萬年前，曾經統治中生代時期的恐龍們突然消失不見，有許多生物也跟著消失，但還是有幸運存留下來的動物們。

1 海裡的動物

白堊紀末期生活在海裡的爬蟲類、菊石、箭石、魚龍、蛇頸龍等，全都消失了，只剩海龜活了下來。

劍齒虎

犀齒獸

披毛犀

2 天空中的動物

　　侏羅紀後期出現了第一隻鳥類──始祖鳥，之後鳥類繁盛，到中生代結束後，天空中的翼龍雖然消失，但鳥類卻能繼續生存下去。

3 陸地上的動物

　　恐龍消失後，陸地上留存有鱷魚、蜥蜴、蛇、烏龜等爬蟲類及哺乳類、兩棲類、昆蟲類、無脊椎動物等。

4 恐龍並沒有滅種！？

　　現今生活中的鳥類是由小型肉食恐龍進化而來的後代，其實很多學者都認為，鳥類是中生代結束後一直存留到現在的羽毛類恐龍。

長毛象

巨齒蜥

生活在海裡的爬蟲類

恐龍統治陸地的同時，管理海底的爬蟲類又有哪些呢？

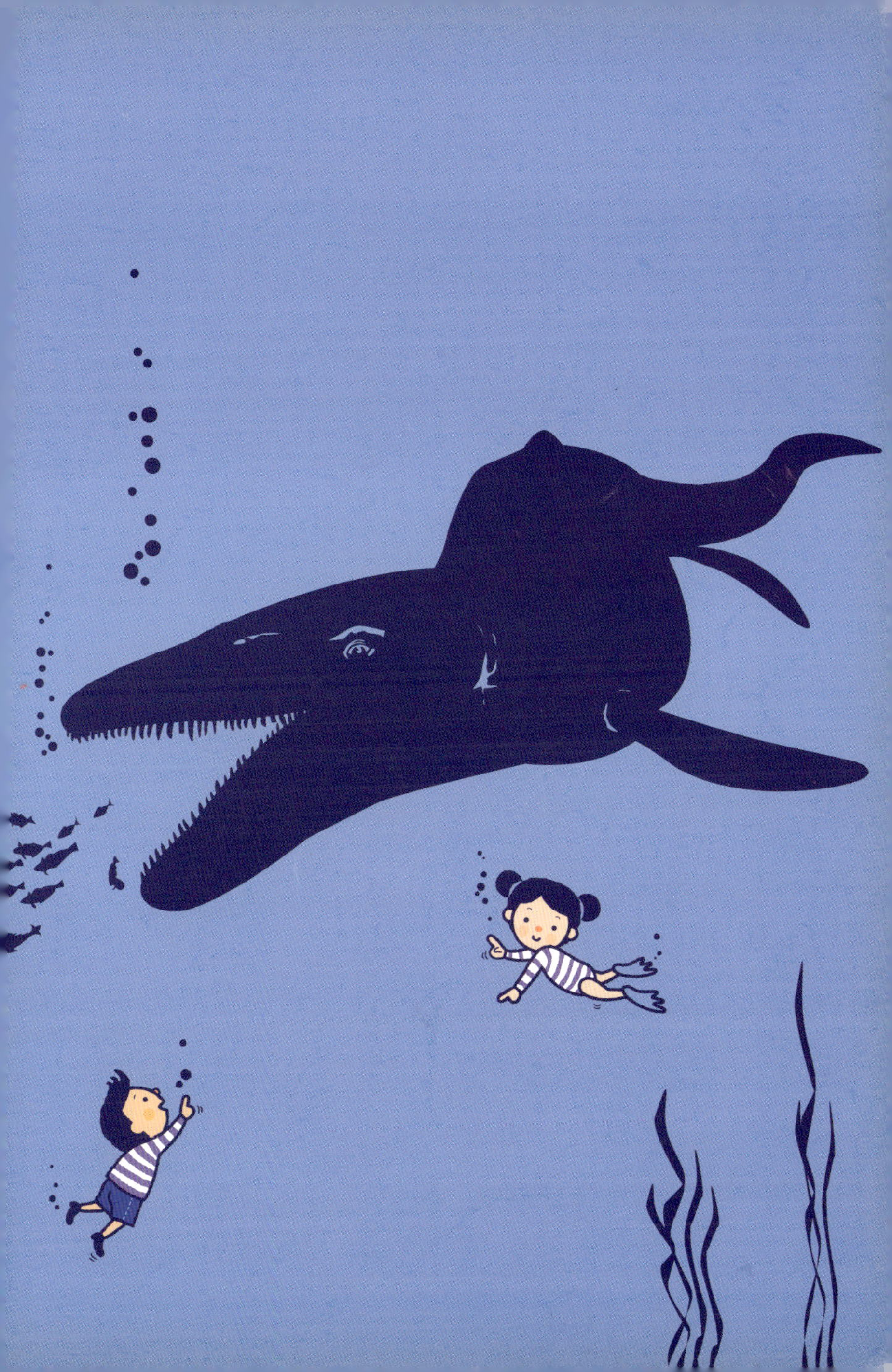

Nothosaurus
幻ㄏㄨㄢˋ龍ㄌㄨㄥˊ

　　從身體比例來看，幻龍的尾巴和頸部的長度佔了身體絕大部分，游泳技術相當高超，利用有力的尾巴和有蹼的四肢可快速移動，在海中捕食魚類，休息或產卵時才會回到陸地。

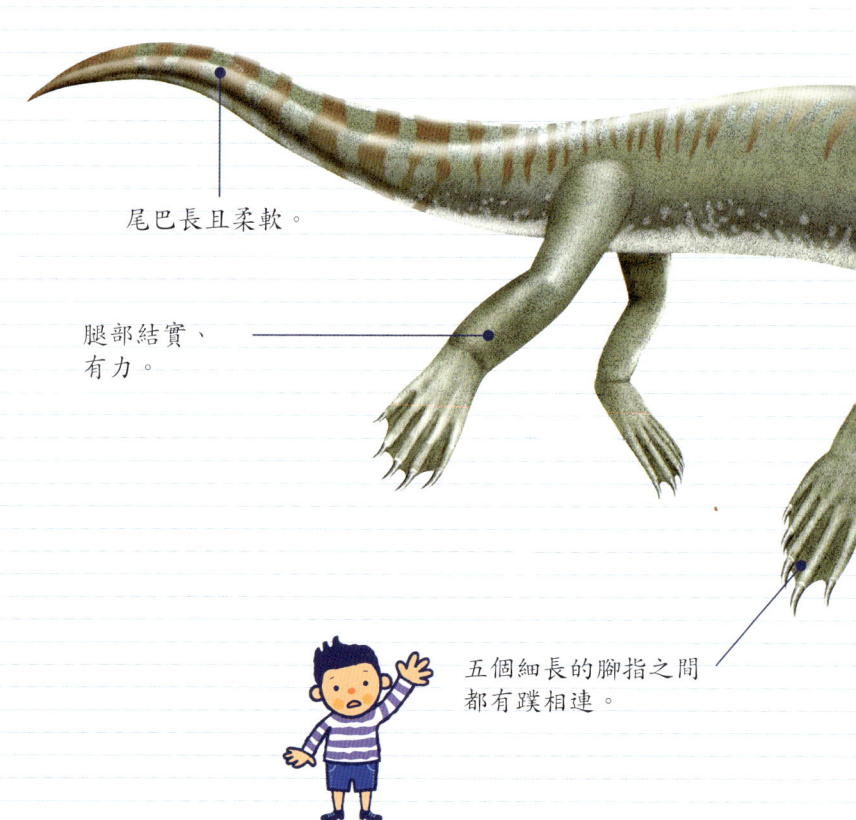

尾巴長且柔軟。

腿部結實、有力。

五個細長的腳指之間都有蹼相連。

頭部光禿，擁有鴨嘴

　　幻龍的頭部相當光滑，嘴形和鴨子很像，細長的上下顎有著許多尖銳的牙齒，前排的牙齒特別長，能準確的捕捉魚類。

頭部細長，頭頂平坦。

脖子很長。

姓名	幻龍
學名原意	騙人的蜥蜴
體型	400kg　3~6m

生存年代	三疊紀後期
	三疊紀　侏儸紀　白堊紀
食性	肉食性

生活在海裡的爬蟲類　243

Eurhinosaurus
真鼻龍

真鼻龍的意思為「有真正鼻子的蜥蜴」，被發現於歐洲。體型與劍魚相似，是種巨大的魚龍類。

上顎細長、下顎短小的嘴形
真鼻龍的上顎比下顎細長許多，嘴巴裡有密密麻麻的尖銳牙齒。

魚鰭由足部所進化而來。

喜好魚類及魷魚
喜歡進入魚群、魷魚群中捕捉獵物，之後再回到原本的位置慢慢享用。

有著跟鯊魚一樣的背鰭。

尾鰭呈垂直狀態。

體型龐大，呈流線型。

姓名	真鼻龍
學名原意	有真正鼻子的蜥蜴

體型：150kg，2m

生存年代：侏羅紀前期

三疊紀｜侏儸紀｜白堊紀

食性：肉食性

生活在海裡的爬蟲類　245

Teleosaurus
真ㄓㄣ蜥ㄒㄧ鱷ㄜˋ

　　真蜥鱷被發現於歐洲，是生活在海裡的鱷魚，擁有細長的身體及短小的前肢，可利用有力的尾巴在海中行動，主要以魚類或魷魚為食物。

體背有如穿著鎧甲般堅固。

前肢短小，緊貼在身體旁邊。

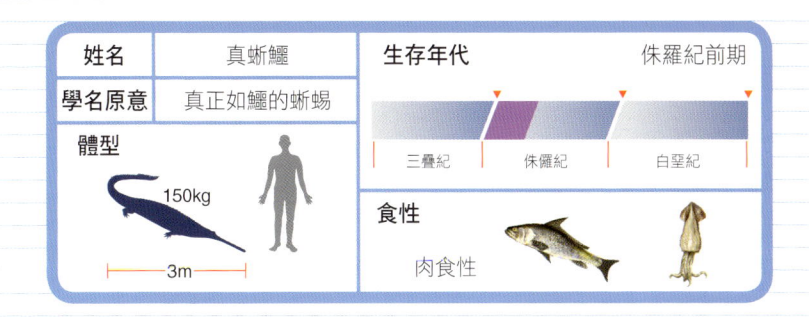

姓名	真蜥鱷	生存年代	侏羅紀前期
學名原意	真正如鱷的蜥蜴		
體型	150kg 3m	三疊紀 侏儸紀 白堊紀	
		食性	肉食性

上下密合的牙齒

嘴巴閉起後,尖銳的上下排牙齒可完全密合,最適合抓取魚類和魷魚。

嘴部細長。

生活在海裡的爬蟲類　247

Ichthyosaurus
魚龍

　　魚龍的體型和海豚一樣為流線型，眼睛大而明亮，有著長形下顎及銳利的牙齒，喜歡捕捉魚類、魷魚，會在海中生產下一代。

和魚類一樣有脊椎骨。

尾鰭呈垂直狀。

由腿部進化而來的魚鰭

　　魚龍的胸鰭和腹鰭都是由腿部進化而來的，魚鰭中還有腳指骨頭，四個腳指骨都是由許多小型骨頭所組成的。

位於眼睛前方的鼻孔

魚龍和魚類不同,不是用鰓呼吸,而是用肺來呼吸。因此,為了方便呼吸,鼻孔就在眼睛前方,當頭伸出水面時也能順便吸氣。

有著背鰭。

腦容量比海豚還小。

大大的眼睛,有眼骨將眼珠子包覆在裡面。

下顎細長,牙齒鋒利。

姓名	魚龍
學名原意	魚類蜥蜴
體型	90 kg　2m

生存年代 侏羅紀前期

三疊紀　侏儸紀　白堊紀

食性 肉食性

生活在海裡的爬蟲類　249

恐・龍・放・大・鏡

魚龍

1 適應海中生活

流線型的身體及魚鰭

　　流線型的身體、無鱗的光滑皮膚、腿部完全進化成魚鰭的魚龍，名字有「魚類蜥蜴」之意。垂直的尾鰭能控制身體向左向右，槳般的前鰭可平衡身體及方向，移動速度相當迅速，體背有著和鯊魚一樣的背鰭。

包覆著眼珠的骨頭

　　魚龍的眼珠相當大，即使在黑暗的深海中，也能一清二楚的看見獵物，包覆著眼珠的眼骨，能隨眼壓變化而改變，讓魚龍能正確的調整焦距來捕捉食物。

2 水中生產

　　察看魚龍的化石，便能知道牠並不生蛋，而是直接在海中孕育下一代。不過，魚龍和現在的哺乳類不同，牠們會先在腹中孵化受精卵後才產出，稱為「卵胎生」，誕生時會像海豚或鯨魚一樣，尾巴率先出來。也曾經發現魚龍正在生產狀態的化石。

生活在海裡的爬蟲類

巨大的恐龍們支配著陸地；水中世界則由海中的爬蟲類所掌管。海中的爬蟲類用肺部呼吸，由於生存在食物供應不絕的海中，因此消耗的能量比陸地上的恐龍還少。

魚龍

最適應海中生活的魚龍有著像魚類一般的曲線外型、進化成魚鰭的腿部及如鯊魚般的背鰭。游泳時利用垂直的尾鰭與前鰭來控制方向，並有包覆眼珠的眼骨，多為卵胎生。

蛇頸龍

長頸的蛇頸龍類、短脖子的上龍類，腿部均進化成魚鰭，肩膀及骨盆相當寬闊，看起來肌肉發達，很會游泳，游泳時主要利用前鰭來行動。

滄龍類

出現於白堊紀後期的滄龍類，除了腿部均進化成魚鰭之外，身體構造和蜥蜴相像，頭骨外型也與蜥蜴相同，有著和魚龍一樣包覆眼珠的眼骨，利用左右擺動的尾巴來游泳。

幻龍類

頭部較小、身體較長的幻龍類，利用長頸和長尾巴來游泳、用蹼來控制方向，脖子和蛇頸龍相似，消失於三疊紀的後期。

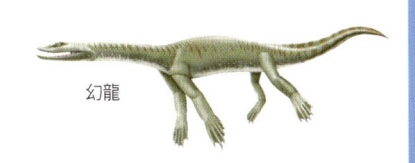

滄龍

幻龍

海鱷魚

侏羅紀前期由陸上鱷魚進化而成的海鱷魚，在白堊紀前期時完全消失。

Liopleurodon
滑齒龍

滑齒龍和鯨魚一樣有著龐大的身軀，頭形很長，為海中爬蟲類，個性兇暴，喜歡捕捉鯨魚或其他蛇頸龍、魚龍等生物。

體型相當巨大，為流線型。

有著大型魚鰭，只要用力一揮動，便能馬上抓取獵物。

長 5 公尺左右的大頭

滑齒龍的頭部長約 5 公尺，嘴巴的長度就佔了頭部一半。

頸部短且粗。

突出的門牙

嘴巴前面突出來的門牙，長度約為暴龍牙齒的兩倍，約有 25 公分。

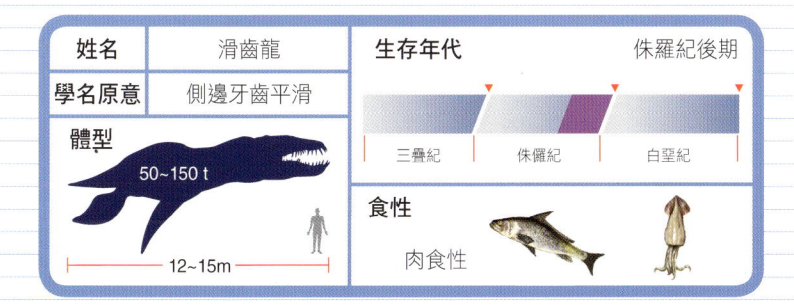

姓名	滑齒龍
學名原意	側邊牙齒平滑

體型：50~150 t，12~15m

生存年代：侏羅紀後期

三疊紀　侏儸紀　白堊紀

食性：肉食性

生活在海裡的爬蟲類　253

Ophthalmosaurus
大眼魚龍

　　魚龍種類中，擁有超大眼睛的大眼魚龍被發現於歐洲及非洲。嘴巴裡有零星的牙齒，並有著發達的下顎。

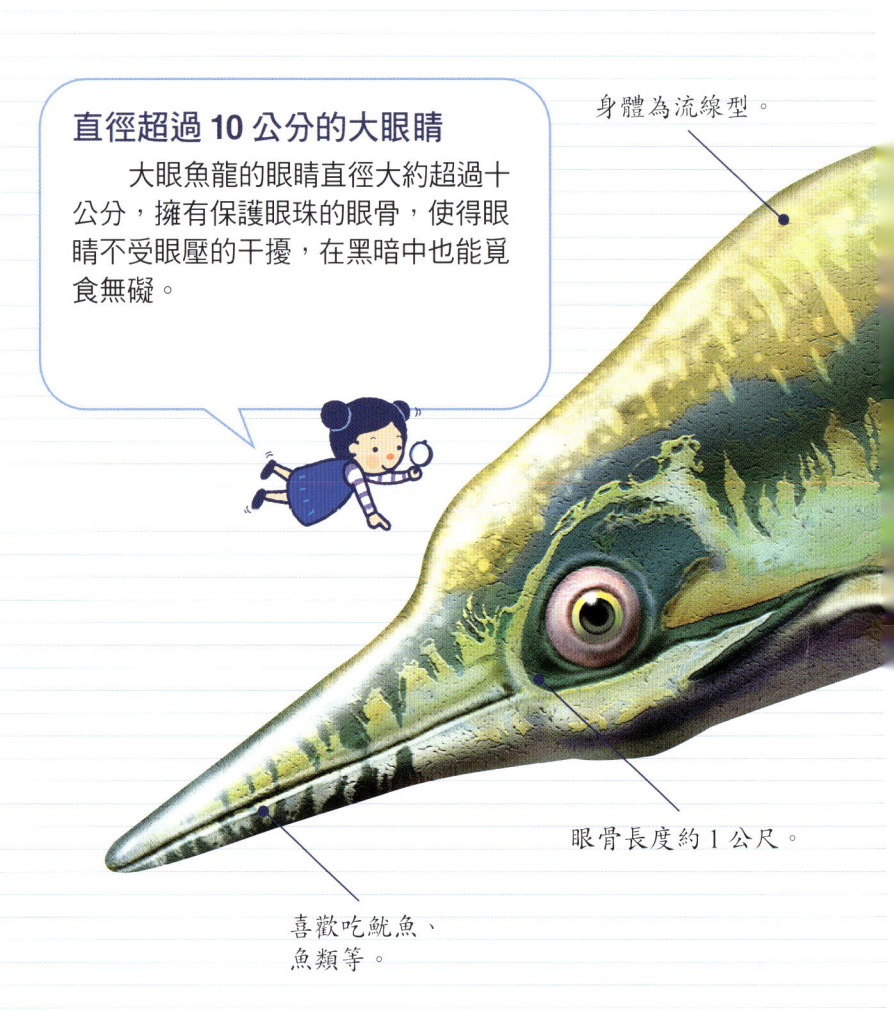

直徑超過 10 公分的大眼睛
　　大眼魚龍的眼睛直徑大約超過十公分，擁有保護眼珠的眼骨，使得眼睛不受眼壓的干擾，在黑暗中也能覓食無礙。

身體為流線型。

眼骨長度約 1 公尺。

喜歡吃魷魚、魚類等。

骨骼構造可看出魚龍類的特徵。

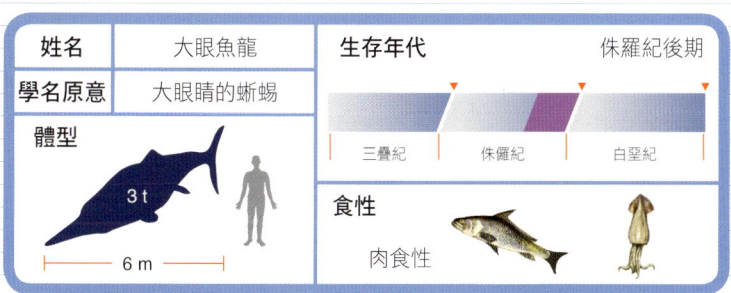

尾鰭呈垂直狀態。

姓名	大眼魚龍
學名原意	大眼睛的蜥蜴
體型	3 t　6 m

生存年代　侏羅紀後期

三疊紀｜侏儸紀｜白堊紀

食性　肉食性

生活在海裡的爬蟲類　255

Cryptoclidus
短尾龍

　　短尾龍的身體易於浮出水面，不擅長深海潛水，必須吞下小石子增加身體重量後，才能潛進深海，捕捉食物，是行動快速的游泳高手。

有著長頸部。

藉由密合牙齒來產生陷阱
　　牙齒相互密合，會形成引誘小魚的陷阱，牠們會利用這陷阱來抓取小魚或蝦子。

長得像沒有殼的烏龜。

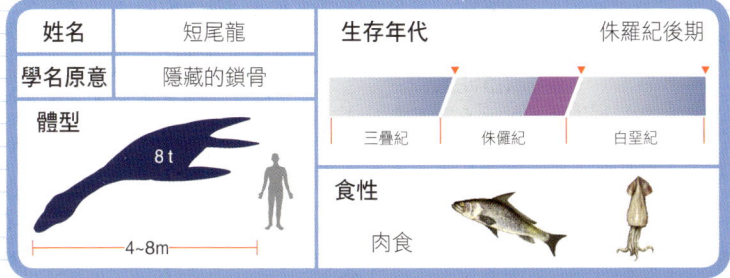

魚鰭長而結實。

姓名	短尾龍
學名原意	隱藏的鎖骨
體型	8 t　4~8m

生存年代　　　　侏羅紀後期

三疊紀　侏儸紀　白堊紀

食性　肉食

生活在海裡的爬蟲類　257

Mosasaurus
滄龍 ㄘㄤ ㄌㄨㄥˊ

擁有魚類和蜥蜴混合外貌的滄龍，是海中的蜥蜴。體型像蜥蜴一樣細長，雖然有鰭，但骨頭構造與蜥蜴相近，游泳時如海蛇般左右擺動前進。

頭骨長度約1.8公尺。

超過一公尺的巨型嘴巴

擁有張開時可超過一公尺的大嘴巴，會吃菊石、魚類、魷魚、小型魚龍等，銳利的牙齒加上大嘴巴，能將食物一口吞下。

上下顎佔據頭部長度一半以上。

長著鱗片的皮膚就像蛇一樣。

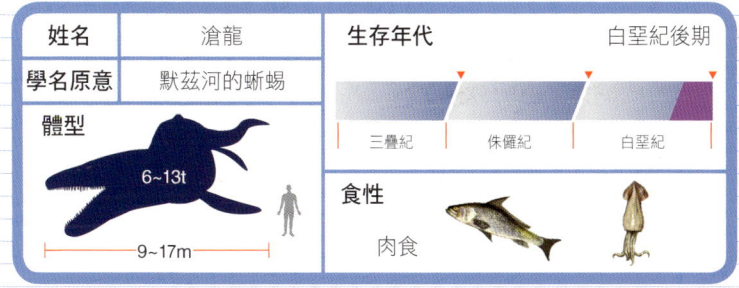

游泳時會利用長尾鰭來控制方向。

身體細長，能隨意彎曲。

前鰭比後鰭來的長。

姓名	滄龍
學名原意	默茲河的蜥蜴

體型 6~13t 9~17m

生存年代：白堊紀後期

三疊紀　侏儸紀　白堊紀

食性：肉食

生活在海裡的爬蟲類　259

Elasmosaurus
薄板龍

屬於蛇頸龍中體型最長的薄板龍，體長超過8公尺，細長的頸部讓頭顯得嬌小，喜歡吃魚類、魷魚、菊石、小型魚龍類。

- 顎部堅硬、有力。
- 尖銳的牙齒。

姓名	薄板龍
學名原意	條帶蜥蜴
體型	10.5t　5~14m

生存年代	白堊紀後期
	三疊紀　侏儸紀　白堊紀
食性	肉食性

超過 8 公尺的長脖子

　　超過 8 公尺長的頸部,佔了大部分的身體體積,由 76 個頸部骨頭所組成的長脖子相當的柔軟,能自由轉動,也可以利用長脖子進入海中抓魚、或捕捉經過身邊的翼龍。

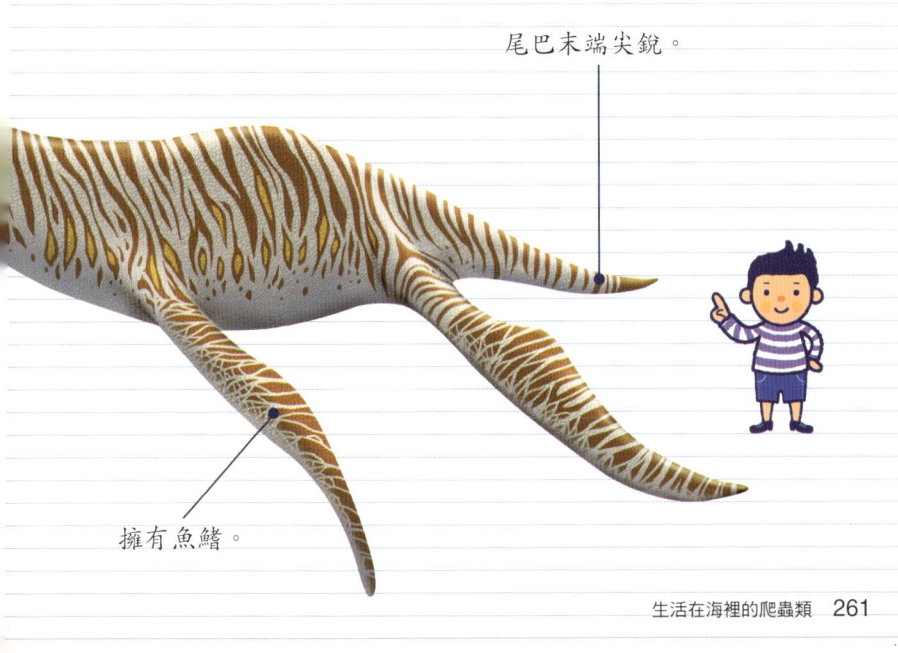

尾巴末端尖銳。

擁有魚鰭。

生活在海裡的爬蟲類

研究恐龍的歷史

人們從相信這世界上真有恐龍存在過,到深入研究恐龍的歷史,到現在為止不過200年而已。原以為恐龍只是傳說中的生物,如今已能證明牠們真實存在過,人們挖掘出各式各樣的化石、為恐龍命名、推測牠們當時的生活習慣等,進行一連串與恐龍相關的研究。

1 傳說中的動物

從前在地底所發現的恐龍化石,被認為是神奇的怪物或巨人的骨頭。另外,中國也認為那是傳說中的龍骨。

2 斑龍和禽龍的命名由來

牛津大學地質學家——威廉・巴克蘭(William Buckland)在1824年曾發現某種動物的下顎骨頭,研究之後,覺得該骨頭屬於一種巨大的、與蜥蜴類似的動物,後來便以含有「巨型蜥蜴」之意的斑龍來為牠命名。

1822年英國醫生曼特爾的妻子,無意中發現幾枚巨大的動物牙齒化石,經過三年的研究之後,便把擁有這巨型牙齒的動物,命名為禽龍,也就是第二個以科學方式來命名的恐龍。

3 「恐龍」這個名詞的由來

在為斑龍、禽龍命名之時，並沒有「恐龍」這個名詞，英國古生物學家理查・歐文（Richard Owen）認為當時所發現的化石，和現今生活中的蜥蜴為不同種類，因此在1841年時，將有「恐怖的蜥蜴」之意的「恐龍」一詞，另外定義出來。

4 骨頭戰爭及貝尼薩爾的大發現

美國的古生物學家——愛德華・科普與奧塞內爾・馬什，在1877年各自組成探險隊，負責挖掘恐龍化石並為其命名，這可說是兩人之間的骨頭戰爭，那時一共發現了130種恐龍。

1878年在比利時的貝尼薩爾地區，發現了禽龍的墳墓區，負責復原的路易斯・道羅收集到完整的禽龍骨頭，並製作成標本。

5 恐龍新世界

到19世紀末為止，大部分的恐龍化石都被發現於歐洲及北美洲；但到了20世紀左右，則在非洲、南美洲、亞洲發現不少化石；最近更是在南極大陸發現了恐龍化石的蹤跡。

在1960年所發現的恐爪龍，體型小、動作快、頭腦靈敏；打破大眾對恐龍的刻板印象——以為恐龍全是動作緩慢、腦袋不好的動物。

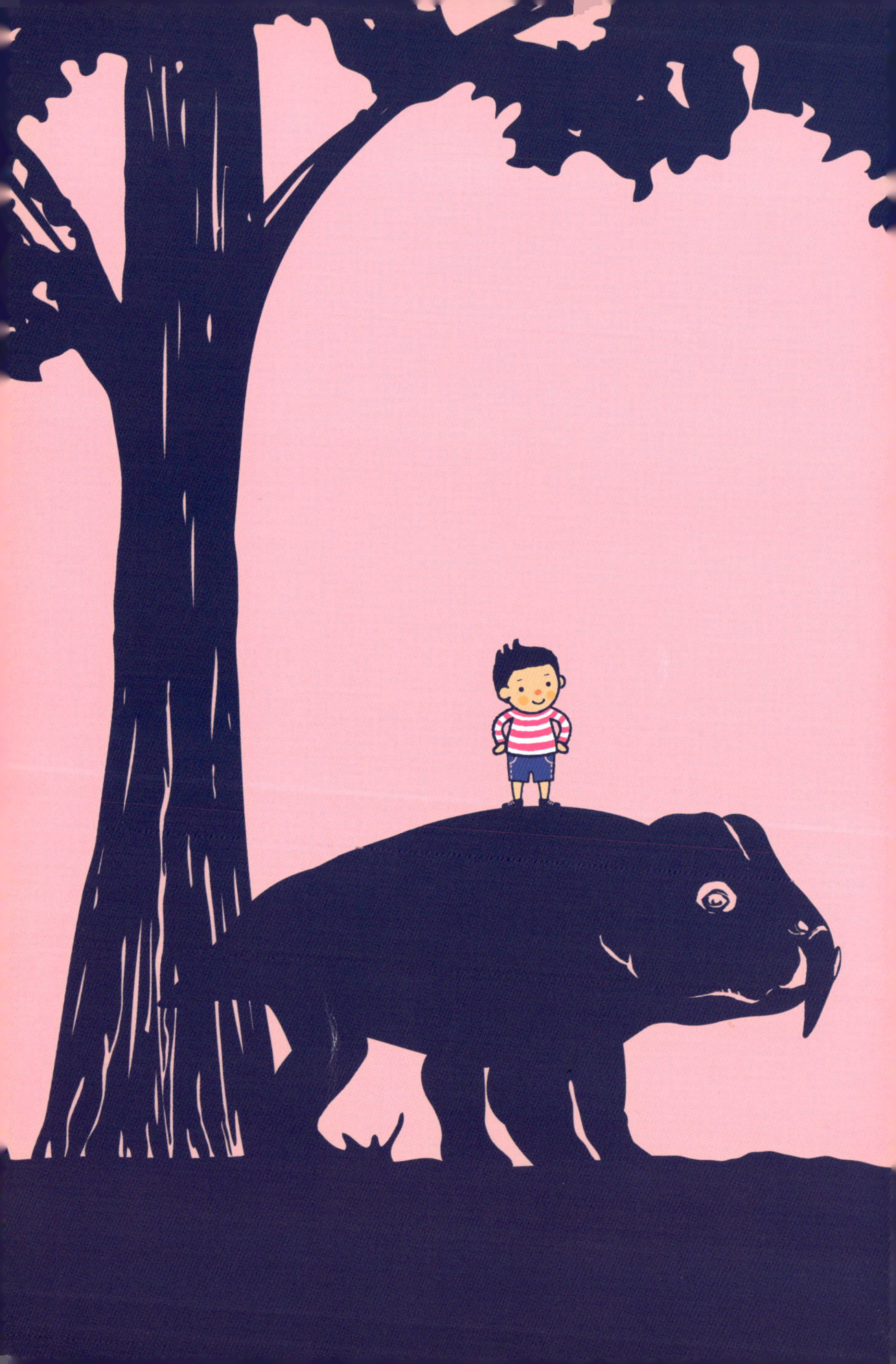

恐龍時代中的配角們

和恐龍一同生活過的爬蟲類、哺乳類、鳥類

Kannemeyeria
肯ㄎㄣˇ氏ㄕˋ獸ㄕㄡˋ

　　肯氏獸屬於三疊紀時期的第一批大型草食性動物，生活在陸地上，常以四隻腳緩慢地走在平原中。被發現於非洲。

身體構造雖然結實，但動作僵硬。

有力的後腿可支撐身體重量。

成為肉食性動物的獵物
　　生活在同一時代的肉食性恐龍犬齒龍，會將牠當成獵物來捕捉。

頭部大又禿。

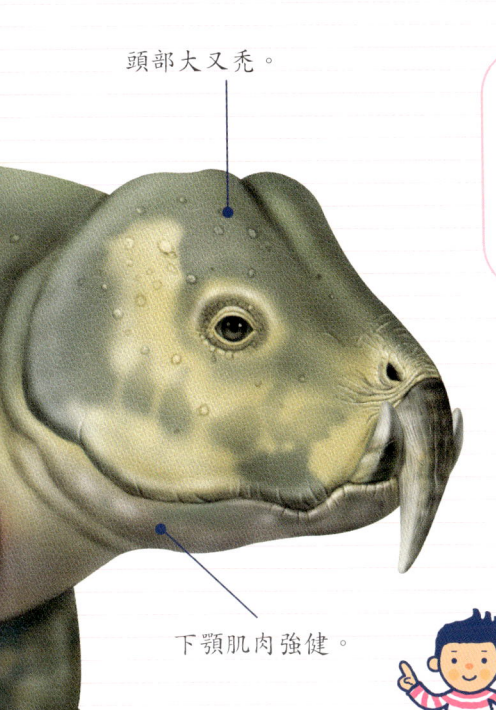

如角般堅硬的嘴
會利用堅硬的嘴巴將樹木拔除後，再慢慢享用葉子及根部。

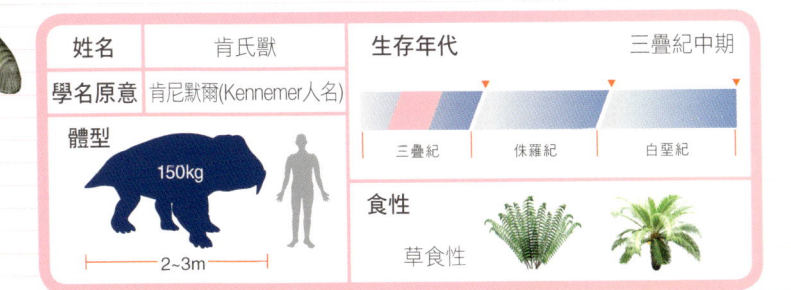

下顎肌肉強健。

姓名	肯氏獸
學名原意	肯尼默爾(Kennemer人名)
體型	150kg　2~3m

生存年代　　　　　　　　　三疊紀中期

三疊紀　侏羅紀　白堊紀

食性
草食性

恐龍時代中的配角們　267

Terrestrisuchus
陸鱷ㄌㄨˋㄜˋ

擁有苗條身型的陸鱷，屬於鱷魚目爬蟲類，雖然利用四隻腳行動，但也能利用後足行走，以陸地上的昆蟲或小型生物為食。

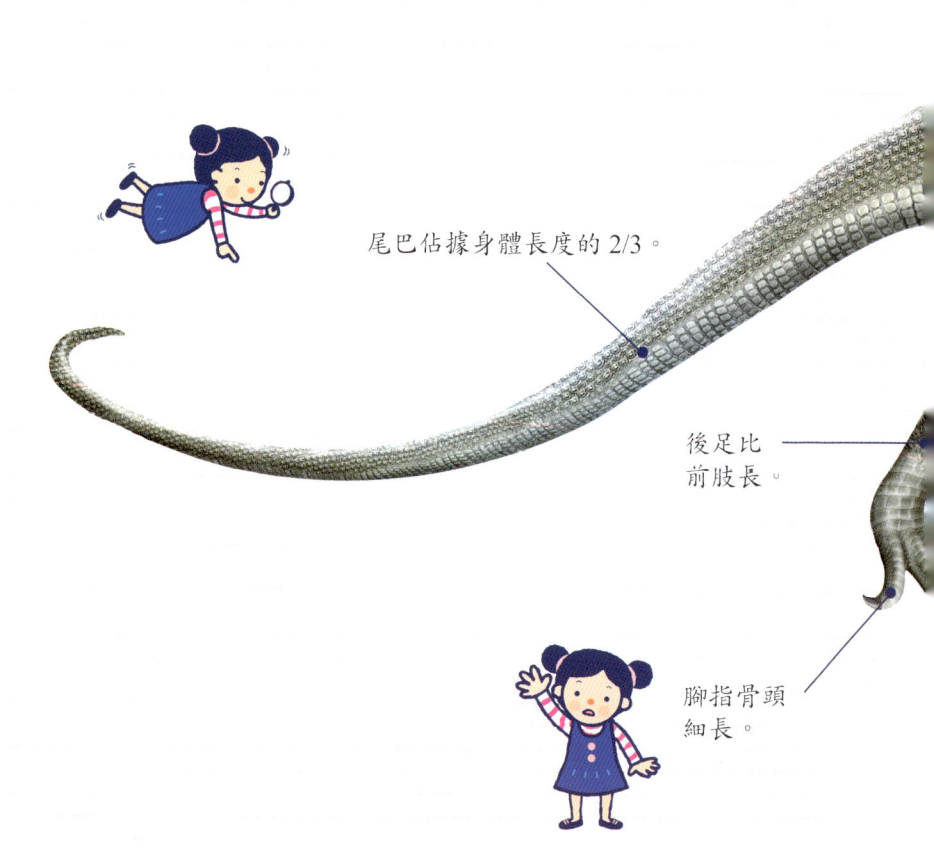

尾巴佔據身體長度的2/3。

後足比前肢長。

腳指骨頭細長。

頭骨後方的肌肉發達

由於頭骨後方的肌肉相當發達,因此在吞嚥食物時,能將嘴張開至極限。

頭骨細長、窄小。

下顎細長。

姓名	陸鱷
學名原意	生活在陸地的爬蟲類
體型	20kg　50cm

生存年代　三疊紀後期

三疊紀　侏羅紀　白堊紀

食性　肉食性

恐龍時代中的配角們　269

Planochephalosaurus
普ㄆㄨˇ蘭ㄌㄢˊ諾ㄋㄨㄛˋ契ㄑㄧˋ蜥ㄒㄧ

長得像蜥蜴的普蘭諾契蜥，屬於喙頭蜥目的水中爬蟲類。頭部比例大，四肢和尾巴都很長。

有力的下顎及牙齒

有力的牙齒及嘴巴可用來抓取昆蟲、蚯蚓、蝸牛等食物。

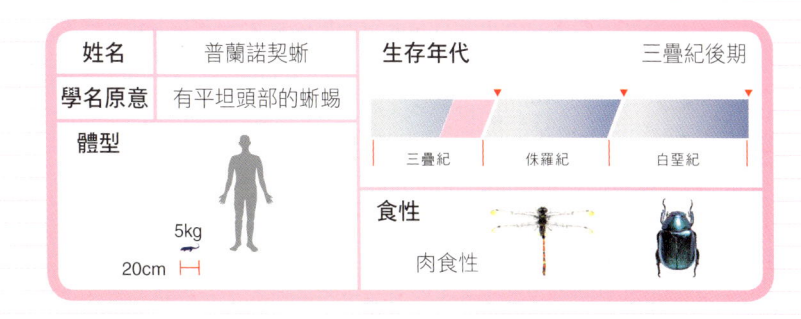

姓名	普蘭諾契蜥
學名原意	有平坦頭部的蜥蜴

體型 5kg 20cm

生存年代 三疊紀後期

三疊紀 | 侏羅紀 | 白堊紀

食性 肉食性

從頸部到尾巴都有著特殊突起物。

腳指纖長。

恐龍時代中的配角們　271

Longisquama
長鱗龍
ㄔㄤˊ ㄌㄧㄣˊ ㄌㄨㄥˊ

長鱗龍是一種蜥蜴類的爬行動物，背上有一排羽毛狀的特殊裝飾，化石被發現於中亞。

體型嬌小。

尾巴細長。

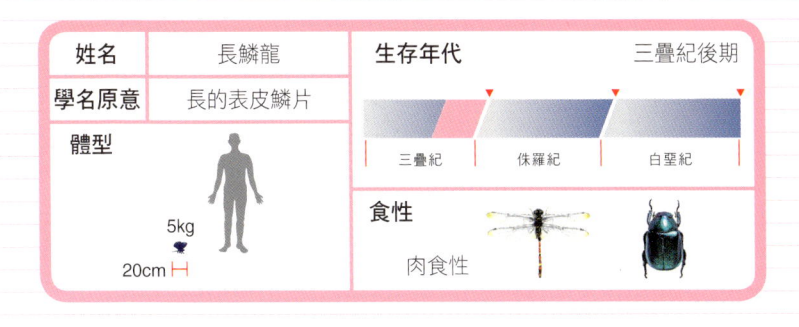

姓名	長鱗龍
學名原意	長的表皮鱗片
體型	5kg　20cm

生存年代	三疊紀後期
	三疊紀　侏羅紀　白堊紀
食性	肉食性

背上如羽毛扇般的組織

　　長鱗龍的背上有著羽毛形狀的長條組織，這個組織到底是鱗片還是羽毛，目前無法得知，若這組織為羽毛，那麼鳥類的始祖就不是出現在侏羅紀的始祖鳥，而是三疊紀的爬蟲類。關於這個羽毛狀組織的作用，有些人認為是為了方便在樹木間穿梭；有些人則認為，是為了威脅敵人或吸引母恐龍的注意。

鼻子前端十分銳利。

恐龍時代中的配角們　273

Oligokyphus
小駝獸

　　小駝獸和哺乳類相近，為爬蟲類中的三列齒獸類。化石被發現於英國地區，外型和黃鼠狼十分相似，生活在有裸子植物的樹叢裡。

身體偏細長。

有著長尾巴。

四隻腳直接連接於腹部。

發達的前齒

小駝獸雖沒有犬齒，但是有一對厲害的門牙，能將食物仔細咬碎。

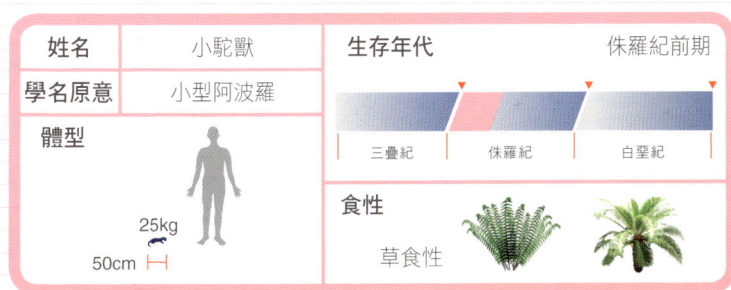

一直以來都被認為是哺乳類，但仔細研究牠頸部骨頭的構造之後，認定牠屬於哺乳類型的爬蟲類。現在已將牠分類於獸孔目。

姓名	小駝獸
學名原意	小型阿波羅
體型	25kg　50cm

生存年代　　　　侏羅紀前期

三疊紀　侏羅紀　白堊紀

食性　草食性

恐龍時代中的配角們　275

Archaeopteryx
始祖鳥

　　始祖鳥是目前所發現的最原始的鳥類，可說是鳥類的始祖，身上有著羽毛、屬於溫血動物，這些特徵都與鳥相像，骨頭構造則和像鳥類的肉食性恐龍相似。

小型胸骨
　　始祖鳥擁有在拍動翅膀時能幫助肌肉使力的胸骨，但沒辦法像現今鳥類一樣的擅於飛行，欲飛到樹木的高處，仍需借助風力來幫助飛行。

尾巴和蜥蜴一樣，用尾骨來連結。

內有銳利牙齒的鳥喙

始祖鳥和現今的鳥類不同，牠們有著銳利的牙齒，嘴巴裡小又密的堅固牙齒最適合抓取昆蟲或小型動物。

腳指直接生長於翅膀上。

腳上有鱗片。

善於爬樹及奔跑。

姓名	始祖鳥
學名原意	古代的翅膀
體型	1kg；張開翅膀寬度為 0.3～1公尺

生存年代：侏羅紀後期（三疊紀／侏羅紀／白堊紀）

食性：雜食性

恐龍時代中的配角們　277

Ardeosaurus
亞ㄧㄚˇ多ㄉㄨㄛ龍ㄌㄨㄥˊ

　　與現今蜥蜴長得十分相像的亞多龍，有著扁平的身體和從身側伸出的四肢。在德國發現相關的化石，下顎有力、喜歡抓昆蟲及蜘蛛。

身體細長。

有著長尾巴。

靈活的大眼睛

亞多龍的眼力超群,視力極佳,因此可在夜晚捕捉到昆蟲及蜘蛛等。

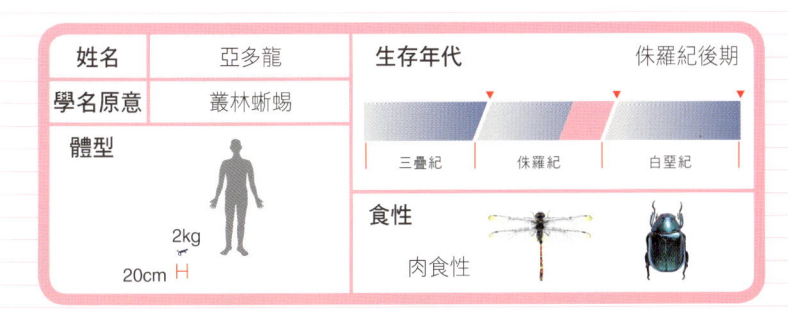

頭部寬扁。

指甲細長。

姓名	亞多龍
學名原意	叢林蜥蜴
體型	2kg　20cm

生存年代 侏羅紀後期

三疊紀　侏羅紀　白堊紀

食性 肉食性

恐龍時代中的配角們　279

恐龍紀錄排行榜

隨著恐龍的資訊逐漸變多，許多舊的紀錄也因此更新，現在就讓我們來看看哪種恐龍的體型最大？哪種恐龍的體型最小？速度最快的又是哪種恐龍？一起來看各種排名吧！

1 體型最大的恐龍

到目前為止，體型最大的恐龍為侏羅紀後期的地震龍，牠身長超過50公尺、體重超過100噸。地震龍的名字含有「地震蜥蜴」之意，顧名思義，每當牠走動時，就會造成地面輕震，彷彿發生地震一樣。

2 體型最小的恐龍

細顎龍為體型最小的恐龍，身體長度約60公分，和一隻雞的體型差不多。生活在侏羅紀後期的細顎龍的體型雖小，個性卻十分殘暴，頭腦反應也快，是具有侵略性的肉食性恐龍。

3 最聰明的恐龍

最聰明的恐龍莫過於白堊紀後期的傷齒龍,牠的腦容量是所有的恐龍之中最大的,體重 22.7 公斤的傷齒龍,腦部就佔了 37～45 公克,相當聰明。

4 最笨拙的恐龍

最笨拙的恐龍應該是侏羅紀後期的劍龍,劍龍雖然有著龐大的身軀,但腦容量相當小。身長 6～9 公尺、體重 3～6 噸的劍龍,腦子卻小如胡桃,僅約 70 公克左右。

5 速度最快的恐龍

奔跑速度最快的恐龍為似鴯鶓龍,敏捷的長腿可以跑出時速 60 公里以上的紀錄。

索引

ㄅ

斑龍 24
冰冠龍 28
棒爪龍 46
奔龍 54
暴龍 68
白堊紀 106
巴克龍 126
包頭龍 172
薄板龍 260

ㄆ

帕克氏龍 140
普蘭諾契蜥 270

ㄇ

馬門溪龍 90
迷惑龍 98
木他龍 114
敏迷龍 164
蒙大拿角龍 184

ㄈ

副龍櫛龍 138
風神翼龍 236

ㄉ

地震龍 96
大鴨龍 132
獨角龍 182
大眼魚龍 254
短尾龍 256

ㄊ

特暴龍 66

ㄋ

牛角龍 194
鳥掌翼龍 228

ㄌ

祿豐龍 80
里奧哈龍 82
梁龍 88
蘭伯龍 120
龍櫛龍 128
稜背龍 150
勒蘇維斯龍 152
陸鱷 268

ㄍ

高棘龍 36

ㄎ

恐爪龍 44
盔龍 136
肯氏獸 266

ㄏ

豪勇龍 142
華陽龍 154
厚鼻龍 198
厚頭龍 206
喙嘴翼龍 220
幻龍 242
滑齒龍 252

ㄐ

棘龍 34
腱龍 144
劍龍 156
甲龍 168
尖角龍 188
劍角龍 204
掘頜龍 224
脊頜翼龍 232

ㄑ

竊蛋龍 64
禽龍 116
青島龍 134
傾頭龍 210

ㄒ

虛形龍 18
細顎龍 26
迅猛龍 58
蜥鳥龍 60
橡樹龍 112
蜥結龍 166
纖角龍 180
小角龍 186
隙龍 192
小駝獸 274

ㄓ

重爪龍 32
侏羅紀 74
真雙型齒翼龍 216
準噶爾翼龍 230
真鼻龍 244
真蜥鱷 246

ㄧ

叉龍	86
長鱗龍	272

ㄕ

雙冠龍	22
嗜鳥龍	42
傷齒龍	72
蜀龍	84
山東龍	130
雙型齒翼龍	218
始祖鳥	276

ㄘ

慈母龍	122
刺盾角龍	190
滄龍	258

ㄙ

三疊紀	38
似鵜鶘龍	50
似雞龍	52
似鴯鶓龍	56
三角龍	196

ㄧ

猶他盜龍	48
亞伯達龍	62
異齒龍	110
鸚鵡嘴龍	178
翼手龍	226
翼龍	234
亞多龍	278

ㄨ

腕龍	92
五角龍	200

ㄩ

永川龍	30
圓頂龍	102
原巴克龍	118
原角龍	202
魚龍	248

ㄚ

阿馬加龍	104

ㄜ

峨嵋龍	100

284

兒童圖解恐龍百科/宋明秀編寫.--初版.--
台北縣汐止市：風車圖書，2010.06
面； 公分
含索引
ISBN 978-986-223-109-8(精裝)

1.爬蟲類化石 2.通俗作品
359.574 99006256

兒童圖解
恐龍百科

社長/許丁龍　　作者/宋明秀　　校對/孟慶蓉
編輯/風車編輯製作　　出版/風車圖書出版有限公司　　代理/三暉圖書發行有限公司
地址/221台北縣汐止市福德一路328巷2號　　電話/02-2695-9502
傳真/02-2695-9510　　統編/89595047　　網址/www.windmill.com.tw
劃撥/14957898　　戶名/三暉圖書發行有限公司　　初版/2010年6月

Knowledge of Dinosaur for kids
copyright © (2004) by Samsung Publishing Co.,Ltd.
All rights reserved. The traditional Chinese Edition in Taiwan © (2010)by Windmill Publishing Co.,Ltd.
The edition is published by arrangement with Samsung Publishing Co.,Ltd.through PK Agency,Seoul,Korea
No part of this publication may be reproduced,
stored in a retrieval system,or transmitted in any form or by any means,
electronic,mechancal,photocopying,recording,or otherwise,
without a prior written permission of the copyright holder.

梁龍
脊頜翼龍
木他龍
永川龍
恐爪龍
阿馬加龍
重爪龍
魚龍
似鴯鶓龍

白堊紀